2020年度教育部人文社会科学研究青年基金项目
“汉语框式介词的生成语法研究”成果
（项目批准号：20YJC740055）

中国书籍学研丛刊

汉语框式介词的生成语法研究

孙文统 | 著

图书在版编目（CIP）数据

汉语框式介词的生成语法研究/孙文统著. --北京：中国书籍出版社，2021.9

ISBN 978-7-5068-8628-4

Ⅰ. ①汉… Ⅱ. ①孙… Ⅲ. ①汉语—介词—研究
Ⅳ. ①H146.2

中国版本图书馆 CIP 数据核字（2021）第 158407 号

汉语框式介词的生成语法研究

孙文统　著

责任编辑　牛　超
责任印制　孙马飞　马　芝
封面设计　中联华文
出版发行　中国书籍出版社
地　　址　北京市丰台区三路居路 97 号（邮编：100073）
电　　话　（010）52257143（总编室）　（010）52257140（发行部）
电子邮箱　eo@chinabp.com.cn
经　　销　全国新华书店
印　　刷　三河市华东印刷有限公司
开　　本　710 毫米×1000 毫米　1/16
字　　数　263 千字
印　　张　15.5
版　　次　2021 年 9 月第 1 版
印　　次　2021 年 9 月第 1 次印刷
书　　号　ISBN 978-7-5068-8628-4
定　　价　95.00 元

序

“框式介词（circumposition）”这一概念由语言类型学家 Greenberg（格林伯格）最先提出，带有强烈的语言类型学特征。国内学者刘丹青将其引入汉语研究，并产生了一系列的研究成果。但总体来看，目前学界对于汉语框式介词的研究仍然不够系统，对汉语框式介词的内涵及外延仍然存在较大的争议，现有的研究以现象观察和分类描写为主，较少运用形式化的手段去揭示该类介词结构的内部结构及生成机制。因此，如何对汉语框式介词的内涵及范围进行科学的界定，并在此基础上对该类介词结构的句法特征及生成机制进行深入的研究，这是一个值得深入思考的问题。

孙文统所著的《汉语框式介词的生成语法研究》一书，在对汉语框式介词结构进行广泛描写与科学定义的基础上，采用生成语法的技术手段，对汉语框式介词结构的内部构造、生成机制、前后项隐现规律、句法分布、游移形式及内在动因进行了研究。总的来说，该书在理论选用、研究方式、分析手段及论证过程等方面深化了汉语框式介词的研究，主要表现在以下几个方面：

第一，采用生成语法为理论框架，清晰地揭示了汉语框式介词结构的内部形态及推导过程，并对其结构中前后项的隐现机制做出了解释。现有的研究主要关注汉语框式介词的现象描写与内部分类，较少使用形式化的手段对该类介词结构的句法表征及生成机制进行研究。同时，该书为汉语框式介词在句子层面上的游移形式及推导动因提供了解释。

第二，对汉语框式介词的内涵及范围进行了科学的限定。本书将框式介词与“介词框架”“介词连用”“双位介词”“虚词框架”“框式虚词”

等进行了区分，凸显了汉语框式介词的介词性与封闭性特征。在此基础上，本书将汉语框式介词分为方所类、时间类和非时空类三个大类，每个大类又细化为若干小类。

第三，将不同类型的框式介词结构中的后项成分进行了统一定性，凸显了后项成分在框式介词结构中的句法本质及理论地位。本书将方所类框式介词结构中的后项成分分析为表示相对位置关系的轴向部分（AxPart），将时间类框式介词结构中的后项成分分析为表示相对时间关系的轴向部分（$AxPart_{TI}$），而将非时空类框式介词结构中的后项成分分析为凸显话题语义的轴向部分（$AxPart_{TOP}$），并在此基础上对这三类框式介词结构的结构形式及生成机制进行了统一的解释。

第四，采用多维度、多视角的方式对汉语框式介词进行研究，用纳米句法对该类介词结构的精密构造进行研究，用传统的特征核查、提升移位等方式为框式介词结构在句子层面的表现提供解释，并通过参数层级的方式对汉语框式介词结构进行了参数定位。因此，本书在不同的层面上为汉语框式介词结构提供了较为全面的研究。

本书在研究方面仍然存在一些提升空间，有待在将来的研究中不断深化与完善。比如本书尚未涉及较为复杂的框式介词结构及其结构变体的研究，在对框式介词结构的句法分布及游移形式进行研究时，主要关注句法因素，较少涉及对于韵律因素的探讨。此外，在跨语言比较过程中的语料信息需要进一步的充实与完善。

作为汉语中一种较为常见的结构形式，框式介词结构体现出显著的语言类型学特征，具有十分重要的研究意义。作者在生成语法的理论框架下对该类结构展开研究，是一次极具意义的尝试。希望作者在今后的研究中继续努力，为生成语法事业做出更多的贡献。

是为序。

2020 年 12 月 25 日

目　录

CONTENTS

第1章

绪　论

1.1　研究对象

在自然语言的介词类型中，有一种较为特殊的介词形式。请看下面南非公用荷兰语（Afrikaans）中的例子：

（1）a. Ek loop **in** die kamer.
I walk in the room
'I walk around inside the room'
b. Ek loop die kamer **in**.
I walk the room in
'I walk into the room'
c. Ek loop **in** die kamer **in**.
I walk in the room in
'I walk into the room'　　　（Mark de Vos, 2013：334）

在例（1）中，a 项的介词"in"为前置性介词（preposition），b 项的介词"in"为后置性介词（postposition），二者统称为介词（adposition）。c 项中的介词"in……in"在形式上为框架性结构，被介引的名词性成分"die kamer（the room）"位于其结构内部。在（1）c 中，介词结构的前后项在形式上保持一致（均为“in”），而在下面的例子中，框架性的介词结构中的前后项在形态上呈现出一定的差异性，甚至毫无关联：

（2） Ek loop **met** hom **mee**.

I walk with him with

'I walk with him'　　（Mark de Vos，2009：3）

（3） Ek wil dit **vir** iemand anders **voor** wys.

I want it to somebody else to show

'I want to show it to somebody else'

（4） Die boat seil **onder** die brug **deur**.

the boat sail under the bridge through

'The boat sails under the bridge and out the other side'

（Mark de Vos，2013：335）

在例（2）和（3）中，介词“met……mee”和“vir……voor”的前后项并不完全相同，其在形态上具有一定的联系，而例（4）中的介词“onder……deur”的前后项完全不同，不具备任何的形态关联。需要指出的是，该类介词中的前后项不能并置，否则会导致句子不合语法：

（5） * Ek loop **mee met** hom.

I walk with with him

'I walk with him'

例（1）—（4）中的介词具有以下共同特征：在结构方面，介词短语表现为“前置词 + 介引成分 + 后置词”的结构形式；在功能方面，介词所包含的前项和后项共同为句中的谓语动词介引间接论元；在语义方面，介词结构中的前置词和后置词对语义表达均有贡献，比如在“onder……deur”中，“onder”表示“在……下”，“deur”表示“穿过，越过”，“onder……deur”则表示“从下方穿过”。在语言类型学上，例（1）—

(4) 中的介词被称为“框式介词” (circumposition),由语言类型学家 Greenberg 最先提出。Greenberg (1980, 1995) 在研究阿姆哈拉语 (Amharic) 和普什图语 (Pashto) 的过程中发现,这些语言中同时具有前置词和后置词,而且前置词和后置词可以构成一种框式结构,被介引的成分位于其中。其最初将此类介词结构称为“框缀” (circumfix),后来将其称为“框式介词”。汉语中同样存在多种类型的框式介词结构,比如“在……上”“在……里”“像……一样”“对……来说”“为……起见”等。尽管框式介词作为一种重要的句法现象已经引起了国内学者的广泛关注,但就目前的研究来看,在框式介词的界定方面学界尚存争议,相关研究较为零散,较为系统的研究成果主要体现在刘丹青 (2002, 2003)、陈昌来 (2014)、王世群 (2013, 2016) 和张云峰 (2014) 等少量学术论文和专著中。

有鉴于此,本书将汉语框式介词作为研究对象,在对框式介词进行界定和分类的基础上,运用生成语法理论,揭示汉语中不同类型的框式介词的内部结构、语义特点、生成机制和形成动因,深入探索汉语框式介词中前后项的隐现机制,并对框式介词的句法分布和生成动因提供理论解释。

1.2 研究现状

国内最先引入“框式介词”这一概念的学者是刘丹青,其将框式介词定义为:“由前置词加后置词构成的、使介词支配的成分夹在中间的一种介词类型”(刘丹青, 2002: 241)。框式介词并不是一种十分常见的语言现象,在不同的语言中呈现出显著的参数差异。目前国内语法学界对框式介词所开展的有针对性的研究较少,而且对于汉语框式介词的定义及范围缺乏统一的认定,相关研究较尚不够系统,研究成果集中在少数几位学者的学术专著中，或散见于针对特定框式介词结构所进行的个案研究中。

1.2.1 框式介词的相关研究

1.2.1.1 国内语法学界关于框式介词的研究

国内关于框式介词的研究主要体现在以下两个方面：一方面是刘丹青、陈昌来、王世群和张云峰等几位学者的研究论文及学术专著，另一方面是较为零散的、针对某一特定框式介词结构的个案研究。

刘丹青的研究

中国社会科学院语言研究所研究员刘丹青（2002，2003）最先将“框式介词”这一概念引入了汉语语法研究，并将其定义为“由前置词加后置词构成的、使介词支配的成分夹在中间的一种介词类型”。刘丹青（2002）指出，框式介词在先秦已经产生，在现代汉语中已经形成了较为丰富的结构类型，古代汉语中的“以……而”“以……以”等，近代汉语中的“似……也似”“因……上”等，以及现代汉语中的“在……上”“用……来”等结构都可以归为框式介词。同时他指出，大多数框式介词在结构上属于临时性的句法组合，而不是固定的词项。在刘丹青的分类系统中，框式介词被分为以下四类：第一，双重赋元型框式介词，该类框式介词的前后项均有赋元功能，在某些条件下可以通过省略前后项而成为单纯的前置词或后置词，比如“在……上”“为……起见”等；第二，词汇性框式介词，该类框式介词可以视为固定的词项，但是其后项成分不能单独介引题元，比如“对……来说”等；第三，强化式框式介词，该类框式介词有前置词和副词性成分构成，其中前置词标记题元，副词性成分强化题元意义，比如“为……所”“比……来得”等；第四，连接式框式介词，该类框式介词由前置词和一个连接性成分组成，在结构上最为临时松散，比如“通过……去”“因……而”等。

刘丹青（2002，2003）的研究带有鲜明的语言类型学视角。他在语序类型学、介词语义学和语法化等理论视角下深入探索了汉语介词的来源、汉语中前置词和后置词的句法分布及语义分工，并对吴语、苏州话、上海话、绍兴话等方言中的介词类型做出了深入的分析比较，指出框式介词中的前置词和后置词具有不同的句法范域及语义抽象度。框式介词不是固定的词项，而是一种句法组合。同时他指出，介词类型能够反映出语言的语序类型。长期以来，汉语被视为前置词语言，这种看法不符合汉语的实际。在语言类型上，汉语是一种同时包含前置词和后置词的语言，框式介词来源于前置词和后置词的句法共现，是汉语中一种极为常见的语言现象。

陈昌来的研究

上海师范大学对外汉语学院教授陈昌来（2002a，2002b，2003，2014）从句法、语义和语用三个平面出发，对汉语框式介词进行了全面的考察，并将该类介词结构称为“介词框架”。陈昌来指出，在该类介词结构中，位置在前的介词和位置在后的成分在形式上类似于一个框架，把介词所介引的成分夹在中间，因此可以将其形象地称为“框架”。同时他指出，由于这种框架的语法语义功能与介词短语的功能基本相似，因此可以将该类介词称为“介词框架”，比如“在……下”“除了……之外”“对……来说”等等。陈昌来关于“介词框架”的系统研究体现在《汉语“介词框架”研究》（2014）一书中。陈昌来在该书中明确了汉语介词框架中后部词语的多样性特征，其可以是方位词，也可以是名词、连词、助词（包括准助词），甚至是动词或介词，并指出位于介词框架中间的词语并不限于体词性成分，还有可能是谓词性成分。在陈昌来（2014）的研究中，介词框架根据其后部成分的词类属性被分为四大类：第一，后部成分是方位词的，比如“从……起/以来/以后”“在……之前/之后/同时”等；第二，后部成分是名词性词语的，比如“当……的时候”“在……的时候”等；第三，后部成分是连词、动词、介词的，比如“从……到/往/向”“打从……到”等；第四，后部是准助词的，比如“按……来说”“依着……来看”等，该类介词框架中的后部词一般为“说、来说、来看、来讲、起见”等，其动词意义已经虚化，成为附着性强的、类似于助词的“准助词”。

陈昌来（2014）从六个方面对汉语介词框架进行了研究：第一，从语法化的角度探索了介词框架的形成与发展；第二，全面分析了介词框架的构成、层次切分、句法分布和句法功能；第三，全面描写了介词框架中前置词和后置词的隐现规律及机制，探索了句法结构和语义因素对介词框架的制约作用；第四，深入探索了介词框架的语义关系和语义模式，分析了介词框架在句中的语义联系和语义特点；第五，深入研究了介词框架的语用功能和语篇功能；第六，对不同类型的介词框架进行了比较，涉及“在……上”和“在……下”以及“在……前”和“在……后”等介词框架的比较。陈昌来（2014）涉及的介词框架结构的类型较为多样，对语言现象及语言规律的描写极为深入，在很大程度上达到了语言研究中的描写充分性。

王世群的研究

南京审计大学文学院博士王世群（2013，2016）针对现代汉语中的框式介词进行了较为全面深入的研究。和刘丹青（2003）较为宽泛的分类标准相比，王世群（2016）将框式介词限定为双重赋元型框式介词和词汇性框式介词两类，并对这两类框式介词重新划分为时空类框式介词和非时空类框式介词，前者包含处所类、时间类和起讫类三个次类，后者包含排除类、比况类、“来说”类和目的类四个次类。在此基础上，王世群（2013，2016）从四个方面对汉语框式介词进行了深入的研究：第一，详细分析了框式介词的层次范域、句法功能、语义抽象度、语义分工和冗余以及框式介词与虚词框架的关系；第二，依次探索了时空类框式介词和非时空类框式介词前后项的隐现规律，并从句法位置、语义方面、语用方面和语体及句子的复杂程度等四个方面对前后项隐现的制约因素进行了分析；第三，对汉语框式介词进行了历时考察，全面探索了时空类及非时空类框式介词的来源及发展及框式介词中前后项的语法化问题；第四，对汉语框式介词进行了语言类型学考察，探讨了语言类型学中的介词参项、汉语语言类型以及介词语序类型与汉语语序类型的发展，并通过区域效应、重度－标记对应律和距离－标记对应律等语言类型学成果对框式介词的成因提供了解释。

张云峰的研究

阜阳师范大学文学院副教授张云峰（2014）的研究主要涉及唐五代、宋元及明清的框式介词系统，在研究方法上采用穷尽式的计量研究，旨在揭示汉语框式介词的发展及演变规律，全面构建近代汉语框式介词系统，带有浓厚的历时语言学研究色彩。其研究成果的一大特点是分类细致、描写全面、基于计量数据、注重历时比较。在他的研究框架下，近代汉语中的框式介词被细化为时间处所类框式介词、范围对象类框式介词、方式原因类框式介词、连接类框式介词四大类别，并将各个类别进行了更为细致的划分。比如，时间处所类框式介词被细化为"……时"类、"……来"类、方位类、定位方向类、经过类、"自/从……起"类、"……处"类等七个次类，范围对象类框式介词被进一步划分为起讫类、连带类、"除……外"类、被动类、"以……为"类、比况类、差比类等七个次类，方式原因类框式介词被进一步划分为视角类、依据类、话题类和原因类四个小类。此外，张云峰（2014）还深入探讨了汉语框式介词的语用功能，强调了该类结构的强调功能、衔接功能、分界功能和转化功能，并指出了框式介词对句法范畴和色彩意义的制约作用。

张云峰（2014）采用共时与历时相结合的方法，通过数据深入揭示了唐五代、宋元和明清这三个历史阶段中框式介词的发展及演变轨迹，构建出近代汉语的框式介词体系。

关于框式介词的个案研究

国内关于汉语框式介词的个案研究主要围绕着以下几个方面进行：第一，关于框式介词的偏误分析及教学研究，比较有代表性的有陈灵（2017），金宇同（2016），黄理秋、施春宏（2010），高澜瑄（2014），杨敬慈（2013），陈尊艳（2018），陶锦（2019），张杰（2019）等；第二，关于框式介词的结构的习得研究，比如高顺全（2017，2019），杜佳烜、吴长安（2017），吴继峰、洪炜（2015），田双双（2016），张敏（2016）等；第三，针对某种类型的框式介词所进行的特定研究，比如杨朝军（2019），郭格（2016），金宇同（2016），张云峰（2013，2015），刘志远（2012），刘顺、刘志远（2011），孙佳（2017），吴奔（2020），孟晓东（2014），陈昌来、段佳佳（2009）等；第四，框式介词结构的句法研究，比如王磊（2014）、王磊、辛明（2014），李红梅、曹志希（2008），曹志希、杨烈祥（2007）等；第五，框式介词的英汉语言对比研究，比如向格（2019），赵佳琦（2017），路晓艳（2015），吴蓓（2013）等。

可以看出，国内语法学界关于框式介词的研究主要着眼于该类介词类型的句法分布、语义特点、历时演化、隐现机制、教学策略、结构习得等方面的研究，在研究方法上注重语言现象的描写，对框式介词结构内部构造的精密刻画仍然有待进一步的研究。

1.2.1.2　国外形式学派关于框式介词的研究

与国内语法学界注重框式介词的分类、句法分布、语义特征、隐现规律和历时发展等方面的研究相比，国外形式学派更为注重框式介词结构形式的推导与生成，着力为框式介词结构形成的内在动因提供解释。我们选出几种较具代表性的分析模式进行介绍。

范·里姆斯迪克（Van Riemsdijk，1990）采用静态的分析方式，将框式介词结构分析为一个中心语居后（head-final）型 *p*P 选择一个中心语居前（head-initial）型 PP，比如下面南非公用荷兰语中的例子：

(6) Ek het hom **met** 'n mes **mee** gesteek.

I have. AUX him with a knife with PRT. stab

'I have stabbed him with a knife.'

上例中的"met……mee"为框式介词，其结构被分析为（7）：

（7）

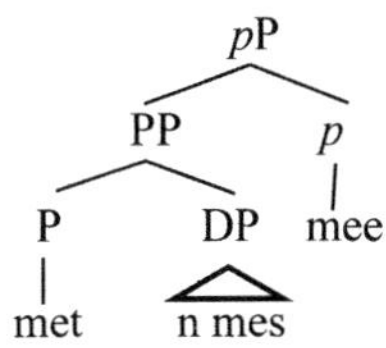

图1-1 "met……mee"结构图

在上图中，中心语居后的轻介词 *p* 选择中心语居前的介词短语 PP，中心语 P 选择 DP"n mes"，在线性语序上表现为框式结构"**met**'n mes **mee**"。Oosthuizen（2000）则使用移位的方式为（6）中的框式介词结构提供了解释，其分析方案如下图所示：

（8）

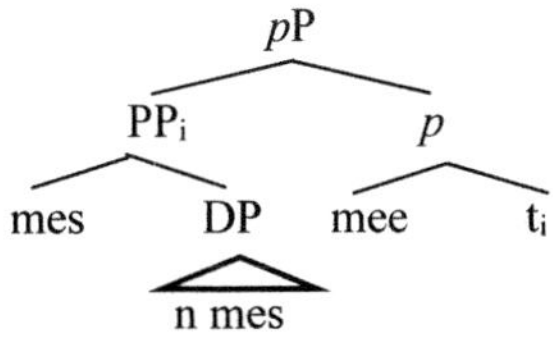

图1-2 "met'n mes mee"生成示意图

在上图中，中心语居前型轻介词投射 *p*P 选择同样为中心语居前的介词投射 PP，后者进行移位，提升至 *p*P 的标识语（specifier）位置，在原位置上留下语迹 t（race），呈现出"mes'n mes mee"型框式结构。Biberauer（2007），Biberauer and Folli（2004）使用移位的方式对南非公用荷兰语中的框式介词结构进行解释，框式介词结构"in the veld in"（in the bush）

的生成过程如下图所示：

（9）a. b.

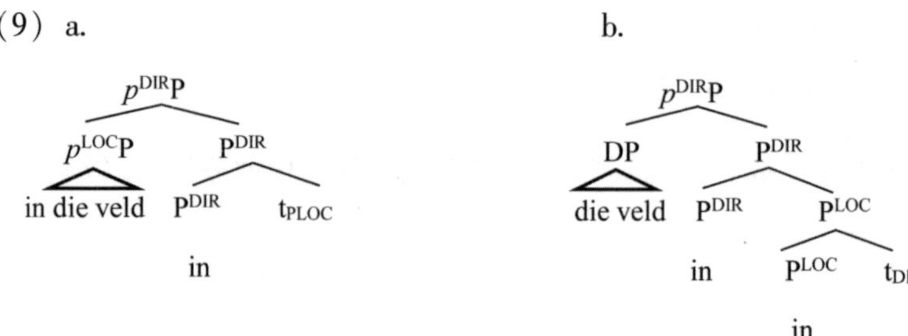

图 1－3 "in the veld in" 生成示意图

在上图中，p^{LOC}P（9a）或者 DP（9b）均可移位至 pP^{DIR} 的标识语位置，旨在满足中心语 P 所携带的 EPP 特征。在（9）a 中，p^{LOC}P 提升移位至 p^{DIR}P 标识语位置，同时，Biberauer and Folli（2004）设定了一个防止"类音删略"（haplology）的语音式限制条件，使该结构的表层序列为"in die veld in"。Den Dikken（2008）和 Koopman（2000）的分析方法与之类似。

努南（Noonan，2010）考察了德语口语中类似于框式介词的语言现象，如下例所示：

（10） a. Er sitzt **auf** dem Tischd dr**auf**.

he sits on the$_{DAT}$ table DR－on

'he sits on the table'

b. Sie ist **in** der Kiste dr**in**.

she is in the$_{DAT}$ box DR－in

'she is in the box'

c. Es hängt **am** Ast dr**an**.

it hangs on－the$_{DAT}$ branch DR－on

'it hangs on the branch'

d. Sie steckt **unter** der Decke dr**unter**.

she is under the blanket DR – under

'she is under the blanket' Noonan (2010: 164)

在上例各项中，后置词中与前置词在形态上具有关联的成分被视为框式介词结构，比如"auf……auf""in……in"等。Noonan认为，该框式介词结构由前置词及其提升后未删略的语迹共同构成。词缀性的"dr –"阻止了前置词语迹的删略。以（10）b为例，该类结构的生成过程被分析如下（Noonan 2010: 165）:

(11)

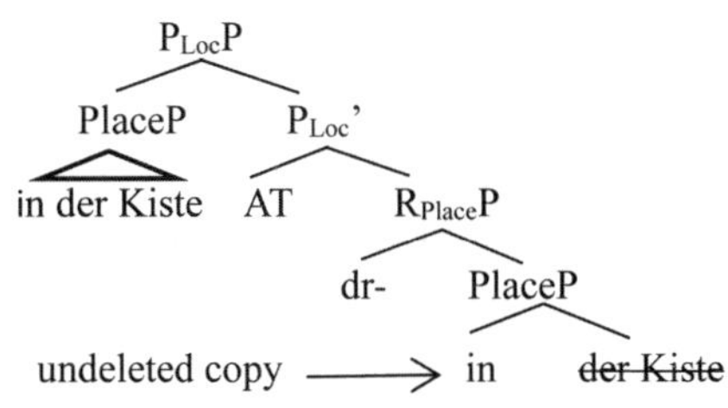

图1–4 德语口语中框式介词生成示意图

在上图中，"AT"是一种抽象的隐性方位性中心语，词缀性的"dr –"被分析为$R_{Place}P$，其选择介词结构PlaceP，该介词结构提升移位至$P_{Loc}P$的标识语位置，位于原位的介词"in"未被删略，其目的旨在为词缀性的"dr –"提供形态上的支撑，整个介词结构的表层形式为"**in** der kiste dr**in**"。

阿博（Aboh, 2005, 2010）深入研究了西非语言中克瓦语族（Kwa）和乍得语族（Chadic）中的空间介词结构。这些语言通过两类介词来表达空间关系，下面是冈毕语（Gungbe，属克瓦语族）和科拖克语（Zina Kotoko，属乍得语族）中的例子：

(12) a. Kòjó zé gò lɔ? **ɖó** [$_{DP}$ àkpótín lɔ?] **mɛ̀**.

冈毕语

Kojo take bottle Det **P_1** box Det **P_2**

'Kojo put the bottle inside the box.' Aboh (2010: 225)

b. kàrtà dé **a gmá** táblə? l. 科拖克语

cards Det **P_1 P_2** table

'The cards are on the table.' Aboh (2010: 226)

在（12）中，冈毕语用框式介词结构表达方所信息，其结构为 P_1 - DP - P_2，而科拖克语用介词连用来表达方所信息，其结构为 P_1 - P_2 - DP。Noonan 通过移位的方式解释二者之间的结构关系。在冈毕语中的框式介词结构中，被介词介引的名词性成分被分析为参照物（reference object），标记为 $DP_{[RO]}$。DP - P_2被分析为一种截短性的属格结构（truncated possessive constructions），P_2在该语言中来源于表达"轴向部分（axial part）"、物体以及身体部位的关系名词，被分析为"部分短语（part phrase）"（Talmy 2000: 196 脚注），DP 与 P_2之间存在领属关系，共同位于功能性投射 IP 之下，其结构表示如下：

(13) [$_{IP}$ $DP_{[Possessor]}$ [$_{I0}$ Ø [$NP_{[Possessum]}$]]] Aboh (2010: 235)

在结构生成的过程中，光杆名词 NP（即 P_2）移位嵌入至中心语 I^0，再与 P_1共同构成框式介词结构 P_1 - DP - P_2。比如"ɖó àtin lɔ? jí"（on the tree）被分析如下：

(14) [$_{P1P}$ [$_{P1}$ **ɖó** [$_{IP}$ [$_{DP}$àtin lɔ?] [$_{I0}$ **jí** [$_{NP}$ $t_{jí}$]]]]]

P_1 tree Det **P_2**

'on (top of) the tree' Aboh (2010: 238)

而科拖克语中的 P_1 - P_2 - $DP_{[RO]}$结构则通过 P 提升移位至功能性中心语 F 生成。比如介词结构"má fká cə mafù dé"（in front of the tree）被分析如下：

(15) [$_{P1P}$ [$_{P1}$ **má** [$_{FP}$ [$_F$ **fká** - cə [$_{IP}$ [$_{DP[RO]}$ mafù dé] [$_{I0}$ $t_{fká-cə}$ [NP

$t_{fkó}$]]]]]]]]

P$_1$　　**P**$_{2-Poss}$　　tree　Def　　Aboh（2010：243）

在（15）中，P_2 从结构的末端进行提升移位，中途跨越参照物 $DP_{[RO]}$，获得属格标记“cə”，最终落脚点为较高位置的功能性中心语 F，形成表层序列“$P_1 - P_2 - Gen - DP_{[RO]}$”的介词结构。

迪·沃斯（De Vos，2009，2013）则对南非荷兰语中的前置词和后置词的混用现象进行了解释，如例（1）中的三个句子。在他的研究框架下，介词结构被分析为传统的轻介词套嵌结构：

（16）

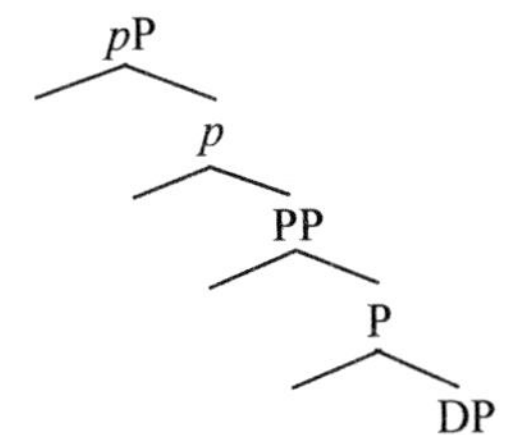

图 1－5　轻介词套嵌结构图

De Vos（2009，2013）剔除了 EPP 在驱动移位方面的理论地位，将该类语言中不同的介词类型视为由运算系统中的语音接口（PF interface）效应所导致，并通过特征参数（feature specification）、依存拼出（dependency spellout）、语音经济性（PF economy）等原则为例（1）中的三种介词形式提供了解释。

可以看出，从 Van Riemsdijk（1990）之后，西方形式学派主要采用移位的方式对框式介词的形成及其与相关介词短语的结构关系提供解释，并将移位的动因大体归结于满足结构中 EPP 特征核查的需要。

1.2.2　当前研究存在的问题

尽管国内外学界对于框式介词开展了一些具有针对性的研究，并且产生了一系列研究成果，但就目前的研究来看，关于框式介词的研究仍然存在一些问题，需要在将来的研究中进一步完善。这些问题主要表现在以下几个方面：

国内的研究在研究方法上以事实描写为主，注重汉语框式介词的分类、历时演变、前置词和后置词语义功能、框式介词在句中的句法分布以及框式介词前后项隐现规律的总结，试图构建一种完整的框式介词体系。在现象描写和规律总结方面，国内的研究已经较为深入和全面，并将语言类型学元素应用到语法研究之中，在某种程度上已经达到了语言研究的描写充分性。国内学界关于汉语框式介词研究的主要不足之处在于缺乏形式化的手段刻画该类介词结构的内部构造及其生成机制，对框式介词中前后项的隐现规律和句法分布大多停留在现象描写阶段，在规律和现象的解释方面尚需要进一步的深入。其次，国内语法学界对框式介词的界定及术语使用方面不甚清晰，存在较多的交叉与争议之处。比如框式介词、介词框架、虚词框架、双位介词（ambiposition）等概念需要进行清晰的区分。此外，在研究汉语框式介词的过程中所运用的跨语言比较尚不够充分，在语言结构的普遍性研究方面仍需要进一步深入。

国外形式学派着眼于框式介词的内部结构及生成机制研究，并试图为该类介词类型的生成动因提供解释，但在研究手段和研究范围等方面同样存在需要完善和改进之处。首先，在早期的研究（Van Riemsdijk，1990）中，框式介词结构被分析为一个中心语居后型 *p*P 选择一个中心语居前型 PP（如例（7）所示），这在句法表征上违反了“后冠后”原则（Final－over－Final Condition，FOFC），该原则不允许在同一个扩展性投射（extended projection，EP）中，中心语居后型 αP 直接支配中心语居前型投射 βP（孙文统，2019：98）。其次，除了 De Vos（2009，2013）之外，国外形式学派主要通过 EPP 特征驱动成分移位，以生成框式介词的表层序列。但作为一种规定性的附加特征（diacritic feature），EPP 特征的理论地位一直饱受诟病。长期以来，不少学者尝试将 EPP 特征转化为更为深层次的理论原则，比如 Groat（1995，1999），Rooryck（1997），Martin（1999），Sabel（2000），Haeberli（2000），Boeckx（2000），Boškovi（2002），Epstein and Seely（2006），Richards（2016）等。第三，国外形式学派所研究的框式介词的类型较为单一，主要着眼于空间方位类框式介词的研究，对其他类型的框式介词讨论较少。另外，国外形式学派主要对南非公用荷兰语、荷兰语、冈毕语、科拖克语等方言语族中的框式介词进行了研究，尚未涉及汉语中的框式介词结构的探讨与研究。

1.3 研究意义

本书旨在生成语法的理论框架下对汉语中的框式介词进行全面的描写与解释。当前国内关于汉语框式介词的研究以语义特征和句法分布的描写为主，对其结构特征和句法表现的解释多从功能视角出发，对其内部结构的刻画和形成动因的解释仍然存在较大的提升空间。本书在现象描写的基础上，对汉语框式介词结构的内部构造和句法表现做出细致的刻画，并揭示其结构的生成机制及形成动因。和以往的研究专书相比，本书重在结构的精细刻画和动因的理论解释。具体说来，本书的研究意义体现在以下几个方面：

第一，采用形式化的手段对汉语框式介词的内部结构进行精密的刻画，在突出汉语特性的同时，兼顾语言结构的普遍性特征。在正确描写语言事实的基础上，动态性地解释汉语框式介词结构的推导机制及生成动因，并通过形式化的手段为框式介词结构的句法分布及前后项的隐现机制提供解释。

第二，对汉语中的框式介词进行清晰的界定与分类。目前国内学者所用术语尚不统一，最为常见的是“框式介词”（刘丹青，2002，2003）和“介词框架”（陈昌来，2014）这两种说法。而且不同学者对于框式介词的内涵和外延看法不一，不同理论背景的学者采用的分类模式也不一致。本书在正确描写语言事实的基础上，对汉语框式介词进行重新界定与分类，并在科学合理的分离基础上展开研究。

第三，框式介词在汉语中是一种常见的语言现象，该类结构独具汉语特色，具有极其重要的理论地位。对汉语框式介词进行系统的、形式化的研究，能够在清晰地揭示该类介词类型的内部构造的同时，凸显汉语介词结构内在的语言普遍属性，为形式语言学及语言类型学的发展做出贡献。

第四，在生成语法的理论框架下对汉语框式介词进行全面系统的研究，深入探索该类介词结构的句法表现和语义特征，清晰地揭示其结构的推导过程及形成机制，能够为该类结构的教学工作提供有力的理论支撑，更好地服务于语法教学及对外汉语教学实践。

第五，对汉语框式介词的生成语法研究能够通过形式化的手段深刻揭示该类介词类型的句法表征及内部构造，能够为词典编纂工作提供理论依据，同时能够为语言的信息自动化处理提供技术上的支持。

1.4 研究方法

本书在生成语法的理论框架下对汉语框式介词展开系统全面的研究，以期构建科学完善的汉语框式介词体系。本书在研究方法方面力求突破，具体表现在以下几个方面：

第一，在力求达到语言研究的解释充分性的同时，兼顾语言事实的描写充分性。构建理论的终极目标在于为语言现象提供解释，本书的理论目标是对汉语框式介词及其相关语言现象的生成机制及内在动因提供解释。

但科学合理的解释方案必须基于正确的语言描写之上。本书同样重视语言事实的观察与描写，从正确的描写中得出合理的解释方案。

第二，在全面归纳语言规律的基础上，采用演绎的研究范式，构建理论假设，并用具体的语言事实验证理论假设的合理性。本书不局限于语言规律的总结与归纳，而是致力于通过演绎的手段，基于有限的语言材料，提出具有针对性的理论假设，构建理论模型，并通过更多的语言现象不断地验证理论方案的合理性。

第三，采用清楚明晰的形式化手段对语言结构进行刻画，动态性地揭示框式介词及其相关结构的推导机制。目前国内学界对框式介词结构进行形式化描写的研究并不多见，对其句法结构的描写多采用单一层次的语类标注。本书采用立体的、多层级式的表征方式对汉语框式介词进行结构刻画，并通过动态推导方式对该类介词结构的生成机制进行阐释。

第四，广泛采用跨语言及跨结构的对比分析，在凸显汉语句法结构个性的同时，着力采用语言共性的视角对汉语框式介词进行统一分析。本书在研究的过程中，广泛参照语言类型学的研究成果，在多样化的语言对比过程中探索汉语框式介词的个性及语言共性，将汉语框式介词置于更为广阔的语言类型学领域中进行探讨。

第五，采用多理论模块相结合的研究范式，对汉语框式介词的内部结构形式和外部句法表现进行全面统一的分析研究。本书除了关注汉语框式介词的内部结构和生成机制之外，还关注框式介词结构作为一个整体在句中的句法分布和游移情况。在结构表征方面，我们吸收了句法制图（cartography）的理论精神，对框式介词的内部成分进行了精细的结构表征。在结构的推导机制和动因解释方面，本书采用纳米句法（nanosyntax）的运算模型，清晰地揭示了汉语框式介词的运算过程。在框式介词在句中的句法分布和游移形式方面，本书则采用最简方案（Minimalist Program）中的运算模型进行解释。多理论模块相结合的方式具有多维度、多视角的理论优势，能够为汉语框式介词的研究提供科学完备的研究手段。

1.5 研究目标

本书的总体研究目标是为汉语框式介词的结构形式和生成机制提供形式化的理论解释，构建汉语框式介词的语法体系。具体表现为以下几个方面：

第一，梳理前人的研究成果并将汉语框式介词重新进行界定与分类。上文指出，目前学界存在框式介词的术语混用和范围交叉等现象。本书从自身的研究视角出发，对汉语框式介词进行重新界定和分类，并在重新分类的基础上对不同类型的框式介词依次展开研究。

第二，在生成语法的理论框架下对汉语框式介词进行分析，揭示其层级性的句法表征及内部结构，并对不同类型的框式介词结构的推导过程和语义特征进行阐释。除此之外，框式介词结构作为整体性的句法实体在句中的句法分布、位置关系、游移形式和产生动因也将在本书中得到诠释。

第三，确定不同类型的框式介词结构中前后项的理论地位和句法属性，明确其在结构中的具体位置和句法功能，并为其表层框式序列的形成过程进行解释。不同类型的框式介词结构中前后项的隐现规律也通过形式化的手段进行描写和解释。

第四，在广泛的语言对比过程中明确汉语框式介词的语言类型学属性，确定汉语框式介词在普遍语法中的理论地位，为汉语句法结构的普遍性和参数变异研究提供启示，进一步完善汉语语法理论体系。

1.6　章节安排

本书主要涵盖八个章节的内容，各章要义简述如下：

第1章为绪论。本章对首先对框式介词现象进行了简要的介绍，将汉语框式介词作为本书的研究对象，详细梳理了国内汉语学界和国外形式学界关于框式介词的研究现状与不足之处，并在此基础上逐步明晰了本书的研究意义、研究目标、研究方法及章节安排。

第2章“理论框架”奠定了本书的理论基础。本章依次介绍本书所选用的生成语法理论模型：制图理论、纳米句法和最简方案。制图理论旨在为句法结构提供详尽的描写与展示，纳米句法主司微观结构的表征与生成，最简方案则为宏观性的句法推导与生成提供理论支撑。本章依次明确了这些理论模型的内在联系、核心精神、操作要件及理论优势，为后续章节的研究提供技术支持。

第3章“汉语框式介词的界定及分类”系统分析了当前比较具有代表性的分类模式，研究了这些分类模式所涵盖的结构范围，并将框式介词与“介词框架”“介词连用”“双位介词”和“虚词框架”等概念进行了区分。在此基础上，本章对汉语框式介词进行了重新界定与分类。

第4章“方所类框式介词研究”在生成语法的理论框架下对汉语方所类框式介词结构展开研究。本章详细考察了方所类框式介词的句法结构和语义特征，形成了方所类框式介词具有语言普遍性的层次性结构表征。本章详细地勾勒出方所类框式介词结构的生成机制和推导动因，并为该类介词结构在句中的句法分布和游移动因进行了研究。

第5章“时间类框式介词研究”对时间类框式介词进行了研究。本章安排和第4章相同。首先对汉语时间类框式介词的句法语义特征进行描写，然后采用形式化的手段刻画该类介词结构的内部构造、生成机制、前后项的隐现机制等。最后探索该类框式介词结构在句中的结构位置及游移动因。

第 6 章“非时空类框式介词研究”的思路与第 4 章和第 5 章相同，依次探索了汉语非时空类框式介词结构的句法语义特征、生成机制、形成动因和前后项隐现机制，并为该类介词结构在句中的句法分布和游移动因提供解释。

第 7 章“汉语框式介词的句法本质及类型学地位”探讨了普遍语法与参数层级的形式及内涵，重新回顾了汉语框式介词置结构的句法表征及推导机制，再次强调了汉语框式介词结构的结构特点及句法本质，并初步探索了汉语框式介词在介词参数层级中的位置。

第 8 章为结论。本章对本书的研究成果和创新之处进行了总结，指出了本书的研究局限并对将来的研究进行了展望。

第 2 章

理论框架

本章主要对生成语法的近期理论——最简方案、制图理论和纳米句法进行介绍，依次阐述其理论模型、核心精神、操作要件和理论优势，为后续章节的句法分析提供理论基础与技术支持。

2.1 最简方案

2.1.1 基本设想及理论模型

在 20 世纪 90 年代，生成语法研究进入到“最简方案（Minimalist Program）”的研究阶段。最简方案秉持句法运算的最简性、经济性、优化性和对称性，为形式句法研究提供了崭新的研究框架。这一阶段的主要成果集中体现于《最简方案》（Chomsky，1995）一书以及后续的系列论文及专著中。与早期原则与参数的框架相比，最简方案在研究思路和操作方式方面均进行了系列重大的变革，摈除了运算系统中人为设定的研究层面及不必要的理论构件，极大地精简了句法运算系统，追求句法推导的简约性与高效性。

最简方案研究秉持方法论上的最简性（methodological minimalism）和实体研究的最简性（substantive minimalism），前者强调运算操作上的最简主义，后者则认为自然语言是最优化性的，其本身是一个“完美的系统

(perfect system)”。最简方案认为，最简性的语言设计仅需要发音–感知系统（articulatory-perceptual，A-P）和概念–意向系统（conceptual-intentional，C-I）两个界面（interface），前者涉及语音解释，后者涉及语义解释。这两个界面符合人们对语言的直觉认知。语言包括词库和运算系统两个部分，词库包含进入运算过程的词汇项目的所有特征，运算系统即句法部分，所有的推导运算在这一部分进行，被称为“狭式句法（narrow syntax)”。此外，在原则与参数早期所提出的关于表现形式的条件限制，如约束理论、格理论、题元理论等职能在 A-P 和 C-I 界面上发挥作用，并只能通过界面来获得其存在的原因和动机（吴刚，2006：241）。由运算系统生成的语言表达式均需要满足这两个界面条件，由推导产生的合理的结构描写能够使运算系统汇聚（converge），不合理的结构描写会造成运算系统的崩溃（crash）。最简方案中的句法运算模型可以表示如下（Marantz，1995）：

(1)

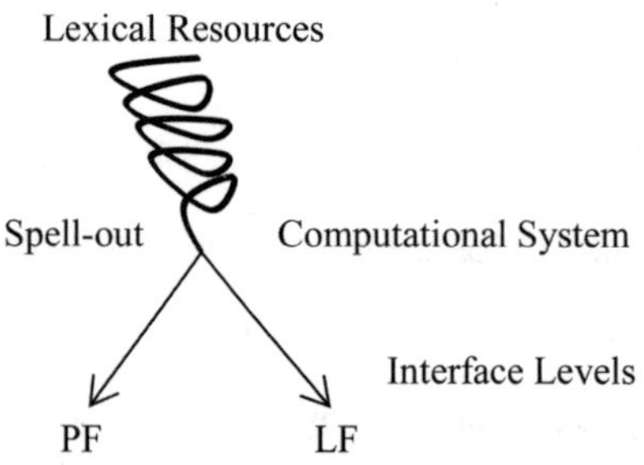

图 2–1　最简方案句法运算模型图

如上图所示，运算系统从词库中提取“词汇原料（lexical resources)”，将其输送至运算系统进行句法运算，“运算系统”是句法部分的理论性说法。经句法运算所生成的推导式经“拼出（spell-out)”操作后分别移交(transfer）至语音式 PF 和逻辑式 LF 进行语音解释和语义解释，二者分别与外部的 A–P 系统和 C–I 系统形成界面关系。

在语言结构方面，最简方案消除了先前人为设定的、非对称性的功能语类（比如早期所设定的 Agr_O 和 Agr_S），采用双分支的、对称的树形结构进行结构表征。也就是说，在一个短语结构 XP 中，最大投射 XP 直接支配其标识语和中间投射 X'，中间投射 X' 直接支配中心语 X 及其补语（complement）。这种右向分支的二分式结构在形式上和传统的 X－bar 短语结构类似，用树形图表示如下：

（2）

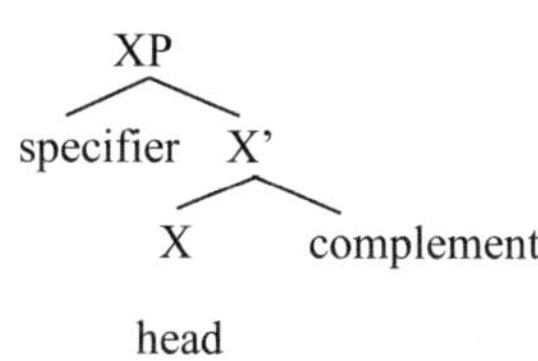

图 2－2　短语 XP 结构图

上图揭示了最简方案中层级性的结构图式。位于最底层的 X 是中心语（head），位于中间层级的 X' 为中间投射，该层级的存在反映了句法结构的递归性特征。中间投射 X' 和标识语共同构成最大投射 XP。每个最大投射 XP 可以拥有多个中间层级，但只能包含一个标识语和补语成分。标识语、中心语和补语之间的关系构成了词组与词组之间最为基本的句法关系，这种句法关系在最简方案中通过合并和移位动态性地生成。另外，标识语和中心语 X 和补语之间构成“成分统制（c-command）”的关系，这种句法关系为句法操作和语义约束提供了结构基础。

在后续的最简性研究框架（Minimalist Inquirics: the Framework）中（Chomsky：1998），生成语法学家开始从实体研究的最简性出发，探索语言机能本身的最简性。Chomsky（1998：14，2000：101）将内在性语言的内部构造和运算机制总结如下（转引自吴刚，2006：305－306）：

（3）a. Select [F] from the universal feature set F.

b. Select Lex, assembling features from [F].

c. Select LA from Lex.

d. Map LA to EXP, with no resource to [F] for narrow syntax.

(3) a 表示语言机能从普遍特征 F 的集合中选择特征 [F], (3) b 表示语言机能将特征 [F] 聚集起来, 形成词库 LEX。这两部分关乎语言的获得过程。(3) c 和 (3) d 和语言表达式的运算生成有关。(3) c 中的"LA"为词汇序列 (lexical array), 是参与句法运算的词汇项目 (lexical item), 在最简方案中被称为"读数 (numeration)"。这一步骤表示运算系统从词库中选出参与句法运算的词汇项目, 生成词汇序列。词汇序列可以包含若干次序列 (subarray)。(3) d 表示运算系统将词汇序列 LA 映射为语言表达式。"narrow syntax" 为"狭式句法", 主要是指从词汇序列到逻辑式层面的运算推导。

总之, 最简方案将语言视为一个完美的系统, 追求方法论和语言本体的最简主义, 所构建出来的理论模型和操作方式体现出鲜明的最简性和对称性, 其所构建的研究框架为后续形式各异的形式语言学理论模型提供了理论基础。

2.1.2 主要操作及限制条件

在最简方案中, 句法操作的主要方式为合并 (merge) 和移位 (movement), 其中合并又称为内部合并 (internal merge), 移位又称为外部合并 (external merge)。合并是动态性生成句法结构的基础运算, 具有明显的二元性特征, 请看 (4) (Chomsky, 1995: 243):

(4) a. lexical item

b. K = {γ, {α, β}}, where α, β are objects and γ is the label of K.

在 (4) 中, α 和 β 均为句法实体, 二者合并生成更大的句法实体, γ

是其标记。如果 α 为中心语，其将进行投射，合并的结果为 K = {α，{α，β}}。这一过程可以表示如下：

（5）

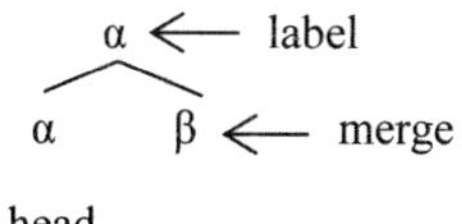

图 2－3　合并操作模式图

最简方案中的另外一个基本操作是移位，该操作在句法运算中逐步地、动态性地进行，如下图所示（Chomsky，1995：251）：

（6）a.　　　　　　　　　　　　　　　　b.

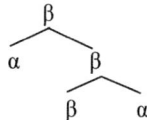

图 2－4　移位操作模式图

（6）a－（6）b 揭示了移位的操作过程。在（6）a 中，β 为中心语并进行投射，α 和 β 合并生成 β，在（6）b 中，移位操作首先选择 α，将其对准根部节点 β 并形成标识语位置。运算系统将 α 移位至此位置，在原来的位置上留下语迹。就移位的类型而言，可以分为显性移位和隐性移位。显性移位是提升性的，主要针对根部节点进行操作，并会形成更高的结构层级，比如移位操作选择 α，对准 β，可以形成结构 {γ，{α，β}}。而隐性移位在一个句法结构内部进行，因此是内嵌性的。我们通过一个例子进行说明（转引自吴刚，2006：271－272）：

（7）

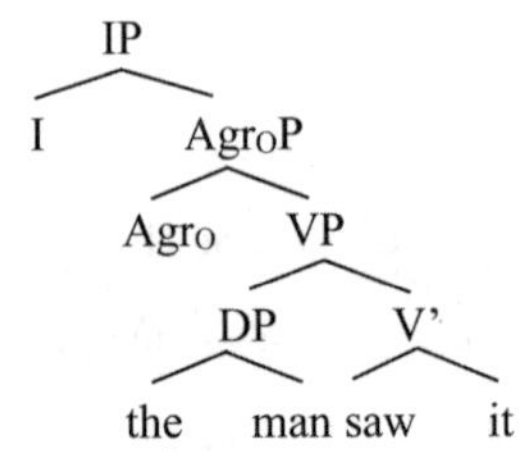

图2-5　最简方案初期句法结构图

上图是最简方案初期所采用的句法结构模式，Agr_O为宾语一致投射，在后来的发展中不再使用。根据“动词词组内主语假设（VP-Internal Subject Hypothesis）”（Radford，2006：156），作为句子主语的DP位于VP的标识语位置。DP需要提升至IP的标识语位置。这种移位操作针对IP进行，IP投射出标识语的位置，为DP提供落脚点。这种移位操作针对根部节点IP进行，使结构产生了更高的层级，因此是显性的移位操作。而英语中的宾语和动词之间不存在一致现象，因此宾语it的移位在逻辑式LF层面进行，因此是隐性的。具体操作是：移位操作选择“it”，对准目标Agr_OP，后者投射出标识语位置，为“it”的隐性移位提供落脚点。这一过程所形成的结构是内嵌性的，经移位后的宾语“it”和中心语Agr_O之间表现为标识语-中心语关系，为二者之间的特征核查提供了结构上的依据。

除此之外，移位还分为替换性移位和嫁接性移位。替换性移位操作产生新的语类，嫁接性移位操作不产生新的语类，而是两个部分共同构成的语类。替换性移位操作用符号表示为｛H（K），｛α，K｝｝，嫁接性移位操作用符号表示为｛<H（K），H（K）>｛α，K｝｝，H（K）表示K为投射成分，是结构的中心语和标记成分。

现在讨论最简方案中一项极为重要的句法操作：特征核查。特征核查是移位操作的内部动因。特征核查的需要在特定的结构关系中进行，其最终目的是删除某些不可解释的特征，保留可解释的特征，使句法表达式得以汇聚。我们以“They are arrested”为例探索特征核查的运算机制（Radford，2006：186－187）：

（8）a.　　　　　　　　　　　　　b.

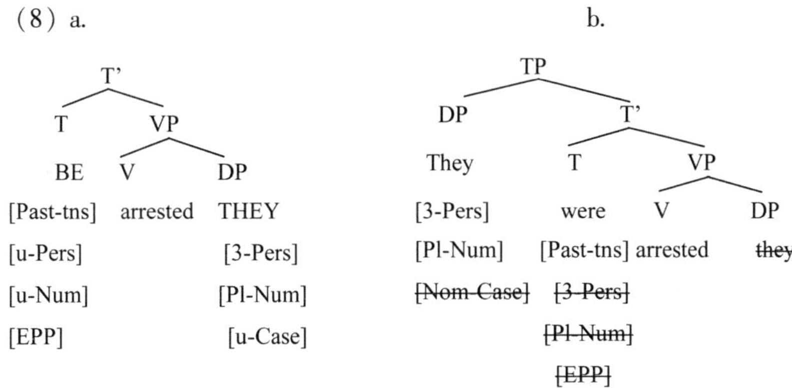

图2－6　特征核查运算模式图

在（8）a中，“T”节点下面的“BE”拥有可解释的（interpretable）时态特征［Past］和不可解释的（uninterpretable）人称特征、数特征和EPP特征，EPP特征要求句子必须具有主语。而对于DP“THEY”来说，人称特征和数量特征是可以解释的，格特征是不可解释的。特征核查的终极目标在于消除不可解释的特征，保留可解释的特征。由于T在结构上与DP形成成分统制的关系，BE所携带的可解释的时态特征将DP所携带的不可解释的格特征核查为“主格”，THEY所携带的可解释的人称和数量特征将BE所携带的不可解释的人称和数量特征核查为“第三人称”“复数”，不可解释的特征被系统删略。在8（b）中，受到不可解释的EPP特征的驱动，DP“they”移位至TP的标识语位置，核查并删除不可解释的EPP特征。因此，移位的动因是特征核查，核查的目的是消除不可解释的特征。

在运算的操作限制方面，最简方案采用语段（phase）的推导模式，进行阶段式的推导和拼出。语段在语义上是一个完整的命题，具有完整的论元结构，CP和及物性的*v*P都是语段，即强性语段，其他的是弱性语段，比如 TP 和不及物的 *v*P。句法推导和拼出操作以语段为基本单位循环性地有序进行，如下图所示（吴刚，2006：331）：

(9)

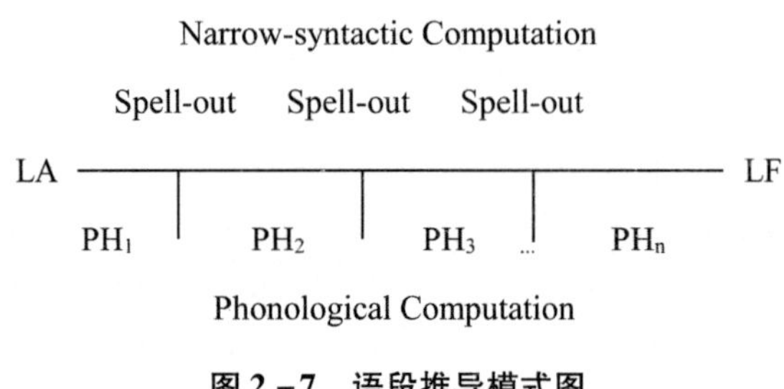

图 2-7 语段推导模式图

由上图可知，狭式句法操作和音系运算操作同时进行，以语段为单位循序地拼出，同时将不可解释的特征从运算系统中删略，因此极大地减轻了运算负荷，提升了运算效率。在局部性限制方面，“语段不可渗透条件（Phase Impenetrability Condition，PIC）”起到关键性的制约作用，如下例所示（Chomsky，1999：11）：

(10) $[_{ZP}$ Z . . . $[_{HP}$ α [H YP]]]

(10) 中的 ZP 和 HP 都是强性语段。“语段不可渗透条件”规定：ZP 的中心语 Z 只能涉及 HP 的中心语 H 和边缘成分 α，不能涉及 HP 的补语 YP。YP 在生成之后即刻拼出，H 和 α 是否需要移位由 ZP 中的有关特征决定。因此，最简方案在句法操作和局部性限制条件方面与以往的操作模型均具有较大的差异，其在追求运算操作的最简性、优化性、对称性和经济性的同时，兼顾句法操作的局域性限制条件，因此极大地精简了运算负担，提高了运算效率，为句子层面的推导运算提供了强大的理论支撑。

2.1.3 最简方案的新近发展

最简方案为句子层面上的句法推导与运算提供了极具启示意义的研究

框架，并为后续的理论发展与突破提供了广阔的空间。经过前两节的讨论可以看出，最简方案所倡导的理论模型主要针对短语和句子层面上的句法操作而设立，基本不涉及词汇内部的结构表征与句法运算。第二，在最简方案的理论模型中，句法运算部门（即“狭式句法”）中仅包含纯粹的句法操作，并不涉及任何语音信息。此外，在最简方案的核心操作——特征核查操作中，某些特征（比如 EPP 特征）具有极强的特设性，其存在的唯一目的在于驱动移位，因此此类特征的理论地位长期以来饱受质疑。正是由于这些问题的存在，使得其他形式的理论模型有了成长和发展的可能。生成语法学家从自身的理论背景出发，对最简方案的理论模型进行了发展和修正，逐步形成了形式各异的生成语法研究框架。近年来，以句法－韵律接口为视角的句法运算为生成语法研究注入了新的活力。下面我们以“接触理论（Contiguity Theory）”和“韵律句法学（Prosodic Syntax）”为例，简要说明生成语法研究的新近发展。

接触理论是诺文·理查兹（Norvin Richards，2016）基于句法－韵律接口所构建出的一种生成语法理论。早在 2010 年，Norvin Richards 就通过韵律－句法互动的方式对自然语言中的 wh－移位进行了解释。接触理论承接了最简方案的理论模型，但在句法运算方面进行了巨大的调整。最简方案将任何形式的语音信息排除在狭式句法运算之外，语音和语义部门位于句法部门之后，对已经生成了的句法表达式进行语音和语义解释。而接触理论认为，语音和韵律信息参与狭式句法运算，语言间的参数差异来源于韵律结构（prosodic structure）在不同语言中的组配方式。接触理论对韵律和句法之间的关系进行了更深层次的挖掘，能够为纷繁多变的表层语言现象提供统一的解释。此外，韵律和句法互动的运算模型可以有效地消除人为设定的形式特征，比如 EPP 特征、边缘特征等。我们通过一个例子进行说明：

（11） a. A man has arrived.

b. È arrivato un uomo.

（11）a 是英语中的例子，句子必须有主语，而（11）b 是意大利语中的例子，其主语可以滞留在句末。最简方案设定英语的中心语 T 携带 EPP 特征，而意大利语的中心语 T 不具备 EPP 特征，因此前者要求句子必须有主语，而后者可以允许隐性主语。这种参数化的 EPP 特征设定在本质上是规定性的，因此削弱了理论解释力。而接触理论则通过韵律边界（metrical boundary）和词缀附着（affix attachment）进行解释：时态中心语 T 在本质上为词缀，自然语言的词缀要求其附着方向中存在一个韵律边界。英语、法语等语言的动词内部不具备韵律边界，后附性时态词缀的韵律要求只能通过句首显性的主语来满足。而意大利语、西班牙语和加泰罗尼亚语的动词含有内在的韵律边界，后附性时态词缀的韵律要求能够在动词内部得到满足，无需句首出现显性的主语（孙文统，2020b）。二者之间的区别可以表示如下：

（12）a.　　　　　　　　　　　　　b.

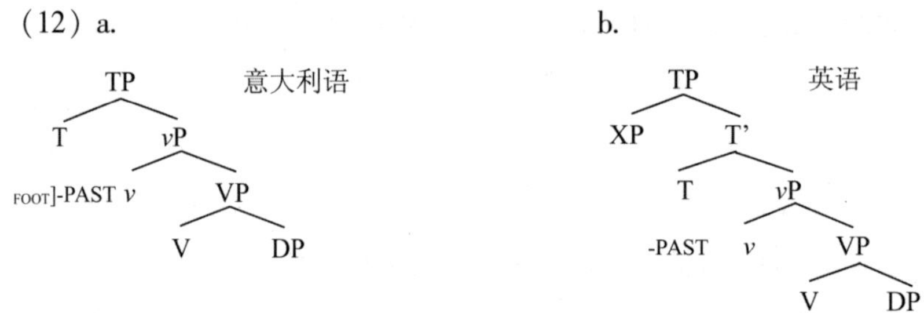

图 2－8　意大利语/英语韵律区别示意图

在（12）a 中，意大利语词汇内部具备韵律边界，用"$_{\text{FOOT}}$]"表示，"FOOT"表示音步，因此词缀附着的要求在词内实现，无需显性主语。在（12）b 中，英语词汇内部不具备韵律边界，而完整的词汇可以表示一个韵律边界。因此，英语中的词缀附着要求无法在词汇内部满足，需要 TP 标识语位置上出现显性的主语。

韵律句法学是北京语言大学语言科学院教授冯胜利（1997，2000，

2005, 2013, 2019）基于汉语事实构建出的一种形式语言学理论。和 Norvin Richards（2016）较为中性的措辞相比，其观点较为激进，认为韵律对句法产生制约性作用，汉语中的宾语移位、介词移位、动词并入、补语并入、介宾分置等现象均由韵律因素导致，汉语中的介宾位置和假动宾现象也受到韵律的制约。比如可以通过重音指派来解释汉语中介词移位的现象（冯胜利，2013：220）：

（13）a. ＊他踩了到线上。

b. 他踩到了线上。

（13）中的介词“到”并入到动词“踩”中，和动词共享体标记“了”。按照韵律句法学的假设，名词的重音由动词指派，如果介词不并入动词，名词便无法得到重音，因此（13）a 不合法。介词的移位过程可以表示如下：

（14）

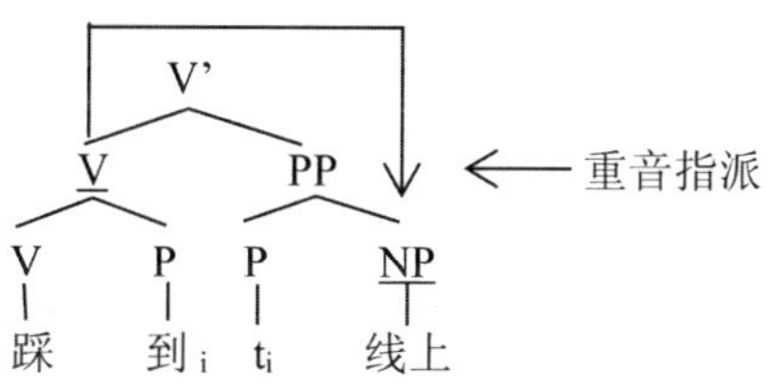

图 2－9　介词移位过程图

如上图所示，介词“到”黏附于动词“踩”之上，形成一个复合动词，该复合动词能够向其后的名词指派重音，因此句子合法。此外，诸如（15）中的现象可以通过重音指派而得到解释：

（15）a. 放在桌子上

b. ＊看在图书馆

上例中 a 和 b 的区别在于 a 中的“在桌子上”是动词的补语，而 b 中的“在图书馆”是动词的附加语。充当补语的介词结构需要得到重音，因此可以位于动词之后，而作为附加语的介词结构其本身为附加成分，不属于动词的论元结构成分，因此无法得到重音，不能位于动词之后。单纯的句法规则很难对（15）中的现象进行解释，而重音指派可以此类语言现象提供答案。

句法－韵律的接口研究为生成语法提供了新的理论视角，消除了最简方案模型中一些人为设定的形式特征，因此有助于更为深刻地诠释语言现象的外部表现和内在动因。在本书的研究中，我们在研究句法现象的同时，并不排斥韵律因素的影响，力求在全面描写语言现象的同时，清晰地解释现象产生的内在因素和动因。

2.2 制图理论

2.2.1 理论背景及经典分析

在早期的原则与参数框架中，句子和短语的句法结构较为简单，比如句子被分析为 CP－IP－VP，名词短语则被分析为 NP（Chomsky，1981，1986）。随着跨语言视角的引入和对句法结构研究的不断深入，生成语法学家开始对自然语言的句法结构进行更为精密细致的分析。“制图理论”在这样的历史背景下应运而生，其理论精要即“绘制句法结构的精密图形”。普洛克（Pollock，1989）在英法语言对比的基础上将屈折中心语“I（nflection）”进行了分裂，开创了分裂投射（split projection）之先河。在萨波奇（Szabolcsi，1981，1984，1987）关于匈牙利语名词短语的研究基础上，艾布尼（Abney，1987）将 NP 重新分析为结构更为复杂的功能性射 DP。句法制图由此产生并逐渐发展壮大（Benicà 1988；Cinque，1990，

1999，2002；Rizzi，1997，2004；Belletti，2004）。制图理论在20世纪90年代后期达到鼎盛，最具代表性的是Rizzi（1997）关于CP左缘结构（left periphery）的分析和Cinque（1999）关于副词在IP功能投射中句法分布的研究。

理兹（Rizzi，1997）深入探索了意大利语中CP投射的左缘结构，将其分裂为若干功能投射：

（16）[$_{ForceP}$ [$_{TopP*}$ [$_{FocP}$ [$_{TopP*}$ [$_{FinP}$ [$_{IP}$…]]]]]]

（Rizzi，1997：15）

如（16）所示，CP投射被分裂为ForceP、Top（ic）P、Foc（us）P、Fin（iteness）P四种功能性投射。ForceP和句中的“语力”成分相关，TopP为话题投射，FocP为焦点投射，FinP和句子的定式/非定式相关。可以看出，经过分裂的CP投射在结构上更为精密，能够为句中不同类型的移位成分提供落脚点。和Rizzi（1997）相比，Cinque（1999）关于IP投射的分裂显得更为精密复杂。Cinque对副词在句中的结构位置做了详细的跨语言研究，并将IP分裂为一系列不同的功能性投射，目的是为不同类型的副词提供不同的句法位置：

（17）[$_{MoodP\ speech\text{-}act}$ frankly [$_{MoodP\ evaluative}$ fortunately [$_{MoodP\ evidential}$ allegedly [$_{MoodP\ epistemic}$ probably [$_{TP\ past}$ once [$_{TP\ future}$ then [$_{ModP\ irrealis}$ perhaps [$_{ModP\ necessity}$ necessarily
[$_{ModP\ possibility}$ possibly [$_{AspP\ habitual}$ usually [$_{AspP\ repetitive}$ again [$_{AspP\ frequentative\ (I)}$ often
[$_{ModP\ volitional}$ intentionally [$_{AspP\ celerative\ (I)}$ quickly [$_{TP\ anterior}$ already [$_{AspP\ terminative}$ no longer
[$_{AspP\ continuative}$ still [$_{AspP\ perfect\ (?)}$ always [$_{AspP\ retrospective}$ just [$_{AspP\ proximative}$ soon [$_{AspP\ durative}$ briefly [$_{AspP\ generic/progressive}$ characteristically [$_{AspP\ prospective}$ almost

[$_{\text{AspP sg. completive (I)}}$ completely [$_{\text{AspP pl. completive}}$ tutto [$_{\text{VoiceP}}$ well
[$_{\text{AspP celerative (II)}}$ fast/early
[$_{\text{AspP repetitive (II)}}$ again [$_{\text{AspP frequentqtive (II)}}$ often
[$_{\text{AspP sg. completive (II)}}$ completely]]]]]]]]]]]]]]]]]]]]]]]]]]
]]]] (Cinque，1999：106)

可以看出，Cinque 对 IP 投射的分裂极其精密且复杂。IP 首先被分裂为语气投射 MoodP、时态投射 T（ense）P、情态投射 Mod（al）P、体投射 Asp（ect）P 和态投射 VoiceP，每种投射又根据语义表达进行了进一步的划分：MoodP 投射被进一步细分为“言语行为（speech act）”“评估性（evaluative）”“证据性（evidential）”和“认知性（epistemic）”四个次类，TP 投射被进一步细分为“过去（past）”“将来（future）”和“先前（anterior）”三个次类，ModP 投射被进一步细分为“非现实性（irrealis）”“必然性（necessity）”“可能性（possibility）和“意愿性（volitional）”四个次类，而体 AspP 投射的分裂性投射最多，被细分为“习惯性（habitual）”“重复性（repetitive）”“高频性（frequentative）”“快速性（celerative）”“终结性（terminative）”“持续性（continuative）”“完成性（perfect）”“回顾性（retrospective）”“接近性（proximative）”“延续性（durative）”“类指/进行性（generic/progressive）”“预期性（prospective）”“完结性（completive）”等 13 个次类。这些类型的功能投射形成一个庞大复杂的结构层级，按照特定的顺序依次投射。每个功能性中心语均投射出一个标识语，从而为不同类型的副词提供结构上的落脚点。比如副词“possibly”位于可能性情态投射 $\text{ModP}_{\text{possibility}}$ 的标识语位置，而副词短语“no longer”则位于终结性体投射 $\text{AspP}_{\text{terminative}}$ 的标识语位置。功能性投射的分裂使句法结构的内部层次得到了更为清晰地呈现，同时为不同类型的句法成分提供了合适的结构位置。

2.2.2　核心精神及理论模型

制图理论所秉持的理论目标即“尽可能精确细致地绘制句法构型（syntactic configuration）的地图”（Rizzi，2013）。制图理论将句法单位视为更小的结构单元，并认为句法结构具有极为精密的内部结构，能够通过形式化的手段得到呈现。

制图理论认为普遍语法在结构上应该是简约性的，并且将任何一个句法 - 语义特征（syntactico-semantic feature）都视为独立的中心语进行投射，并在句法投射的方式方面秉持“特征——中心语一一对应假设（one feature-one head maxim，OFOH）”（Cinque and Rizzi，2008，Kayne，2005）。也就是说，制图理论把独立的语义特征形式化为句法结构上的层级性投射，从而细致地揭示句法结构的内部构造。在句法表征方面，制图理论采用传统生成语法中的右向分叉的双分支模型（binary branching），每个中心语仅投射出一个标识语位置。此外，句法运算仅允许左向移位，不允许右向移位。总之，制图理论在投射方面遵循“特征——中心语一一对应假设”，而在句法结构方面则严格按照“反对称性（antisymmetry）”原则（Kayne，1994）进行表征。

和其他形式的生成语法理论模型一样，制图理论强调语言的普遍性，假设自然语言拥有普遍一致的结构表征，这种假设被称为“一致性原则（Uniformity Principle）”（Chomsky，2001）。制图理论致力于发掘构成句法结构的原子性（atom）中心语，并探索由这些原子性中心语所构成的具有语言普遍性层级性结构，这种具有语言普遍性的层级结构被称为“特征序列”（feature sequence，fseq）。语言之间的差异来源于具体结构的实现方式（隐性的或显性的）以及所选用的移位方式。

制图理论的运算模型和主流生成语法相似，呈现出明显的“倒 T”外形（Rizzi，2013）：

（18）

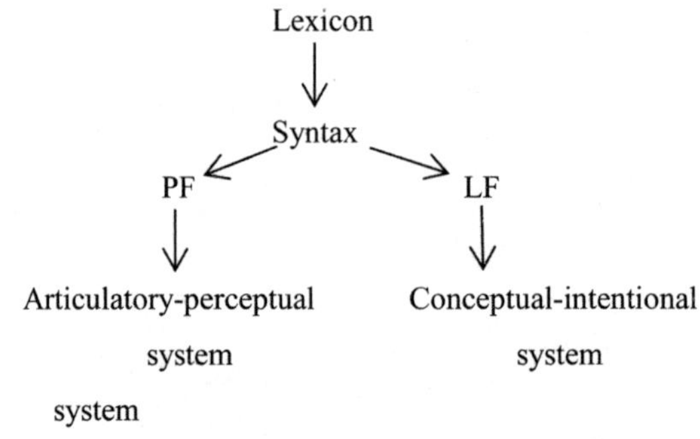

图 2－10 制图理论运算模型图

词库（lexicon）位于句法运算之前，其中包含词汇及功能性语素。这些成分被输送至句法部门进行运算，经推导生成的语法表征式被移交至语音部门（PF，phonetic form，语音式）和语义部门（LF，logical form，逻辑式）分别进行语音解释和语义解释。和语音部门形成接口关系的是“发音－感知系统”，和语义部门形成接口关系的是“概念－意向系统”。可以看出，制图理论所使用的理论模型和主流生成学派的理论模型一致，句法运算在句法部门中进行，运算过程不涉及后句法性（postsyntactic）操作。

我们可以把制图理论的核心精神总结如下：句法结构采用特征——中心语一一对应假设（OFOH）进行投射，句法和语义之间具有严格的映射关系。句法结构由有限的原子性中心语构成，采用严格的“双分支式”进行表征，在形式上表现为具有语言普遍性的特征序列（fseq）。在制图理论的指导下，生成语法学家进行了广泛深入的跨语言对比研究，努力探索具有语言普遍性的特征序列，为跨语言变异现象提供解释。

2.2.3 具体应用及理论延伸

制图理论不但为句法结构提供了极为精细的句法表征，还能够为自然语言中形式多变的语言现象提供解释。比如“CP 分裂”（Rizzi，1997，

2001，2004b）能够很好地解释以下语言现象（Radford，2006：211－215）：

（19）He prayed that atrocities like those，never again would he witness.

（20）a. What was the advice given by the police to the general public?

b. Under no circumstances for anyone to approach the escaped convicts.

在（19）中的 that 从句和（20）b 中，句首出现了较多的句法成分，单一的 CP 投射无法为其提供足够的结构位置。而分裂的 CP 投射可以为（4）中的现象提供解释。根据 Rizzi（1997），CP 可以分裂为 ForceP、Top（ic）P、Foc（us）P 和 Fin（iteness）P，因此（19）中的 that 从句可以分析如下：

（21）

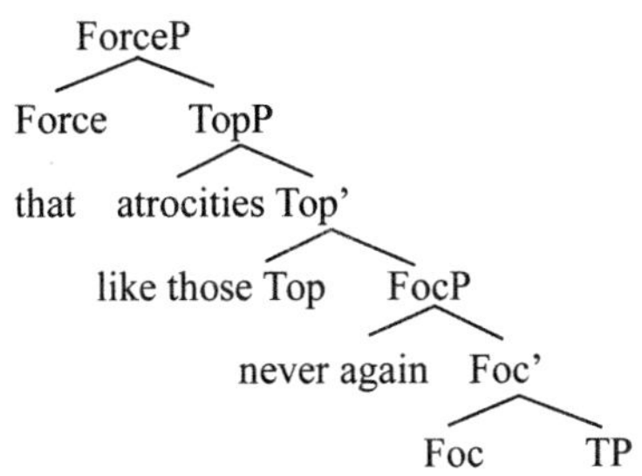

图2－11 CP 分裂结构图

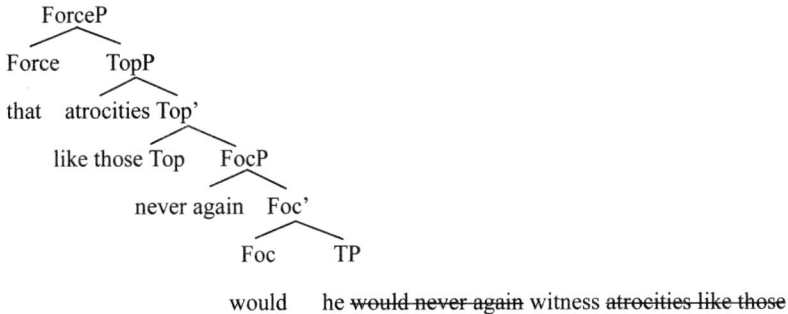

在上图中，CP 投射根据具体情况分裂为 ForceP 投射、TopP 投射和 FocP 投射。标句词（complementizer）"that" 占据中心语 Force 位置；"atrocities like those" 被分析为话题成分，占据 TopP 的标识语位置；"never again" 被分析为焦点成分，占据 FocP 的标识语位置。分裂投射为不同的移位成分提供了结构上的落脚点，比单一的 CP 投射更具解释力。

除了分裂为 ForceP－TopP－FocP 之外，CP 还可以根据具体情况分裂出不同的投射序列。在（20）b 中，CP 分裂为 ForceP－FocP－FinP。其内部结构可以分析如下（Radford，2006：216）：

（22）

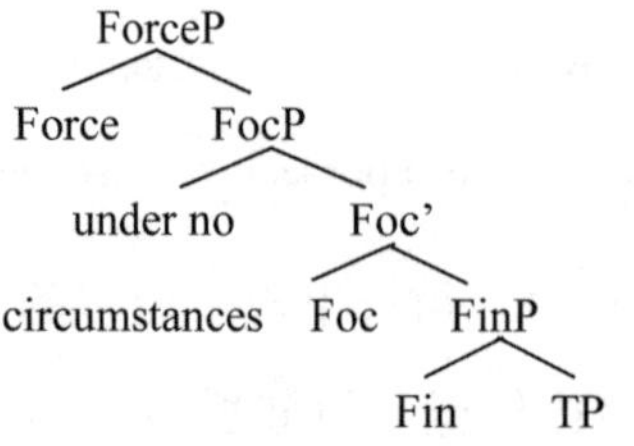

图 2－12　CP 分裂结构图

在上图中，CP 投射分裂为 ForceP、FocP 和 FinP，焦点成分“under no circumstances”位于 FocP 的标识语位置，标句词“for”位于中心语 Fin 之下。同样，CP 的分裂投射为不同类型的句法成分提供了结构位置。在其他语言中，CP 还可以分裂为 ForceP－TopP－FinP，比如下面意大利语中的例子：

（23）Gianni pensa，il tuo libro，di PRO cononscerlo bene

Gianni thinks the your book of PRO know. it well

'Gianni thinks that your book，he knows well'

动词“pensa（think）”后的小句可以分析如下（Radford，2006：214）：

（24）

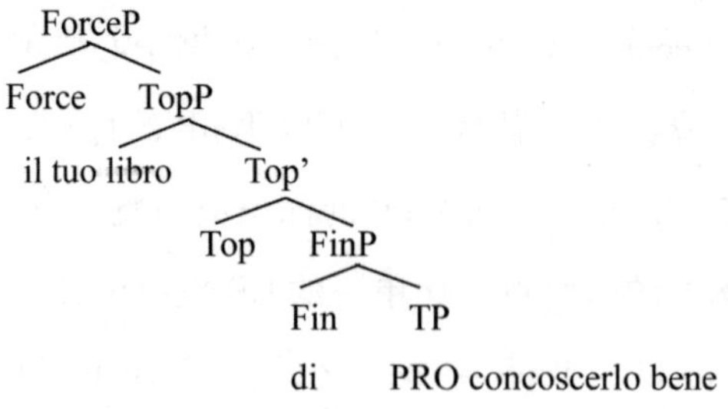

图 2－13　嵌入小句结构图

在（23）中，“il tuo libro（the book）”被分析为话题成分，位于TopP的标识语位置，而“di（of）”位于中心语Fin之下，CP投射被分裂为ForceP、TopP和FinP。CP分裂在跨语言或跨结构中的不同表现可以通过“激活（activation）”这一概念进行解释：尽管功能语类在自然语言中拥有普遍的特征序列fseq，其在某些语言中可能未被激活（deactivated），这和某些中心语所携带的特征是否可以解释有关（Shlonsky，2010：426）。

此外，钦奎（Cinque，2005）在制图理论的框架下对格林伯格（Greenberg，1963）的普遍原则20（Universal 20）进行了重新诠释。Cinque对自然语言中的名词短语进行了研究，总结出24种关于形容词（A）、数量词（Nml）和指示代词（Dem）的可能语序，指出其中的14中可以找到具体的经验明证，其余10种无法证明。他提出下列限制性原则来解释自然语言中名词修饰语的语序：第一，名词短语普遍性的合并顺序为Dem > Nml > A > N，即名词结构的扩展性投射（Grimshaw，1992）；第二，运算系统仅允许左向移位（Kayne，1994）；第三，运算系统仅允许短语移位（phrasal movement）；第四，运算系统仅允许包含NP的成分进行移位，不允许后续移位（remnant movement）。

除了对CP投射进行分裂之外，生成语法学家还在制图理论的框架下对其他类型的结构进行了探索，比如副词的结构位置（Cinque，1999；Laenzlinger，1998），形容词的句法位置（Cinque，2010），关于主语的研究（Cardinaletti，1997，2004），关于否定的研究（Haegeman and Zanuttini，1991；Zanuttini，1991；Haegeman，1995），关于量化词（quantifier）的研究（Beghelli and Stowell，1997；Szabolcsi，1997；Puskás，2000）以及名词结构的研究（Abney，1987；Giusti，1997）等。功能结构也得到了更为细致的研究，功能投射变得更为繁多而复杂：CP被进一步分裂为ForceP、TopP、IntP、FocP、ModP和FinP等投射（Rizzi，1997，2001，2004a；

Aboh，2004），vP－TP 区域也被进行了进步的划分（Cinque，1999，2006）。近些年来，生成语法学家开始用制图理论研究介词短语（Koopman，2000；Den Dikken，2010；Noonan，2010）和形容词短语（Scott，2002；Laenzlinger，2005；Svenonius，2008；Leu，2015），对其内部结构进行了精细的刻画。

可以看出，制图理论主要针对句子中功能投射和短语的内部结构进行精细的结构描写，其研究层次尚未涉及词汇内部结构的研究，而且在句法操作上与最简方案中的操作并无二致。下节所讨论的纳米句法将研究视角置于词汇内部结构的研究，并在运算操作方面独具特色。

2.3 纳米句法

2.3.1 纳米句法的理论模型

如果说最简方案和制图理论主司句法层面的推导与表征，纳米句法则着眼于词汇的内部构造与生成。纳米句法由 Michal Starke 提出，主要从形态－句法接口的角度研究词汇内部的精密构造及推导机制。与先前的理论框架相比，纳米句法在理论模型和运算方式方面进行了一系列的革新，并有效吸收了制图理论和分布式形态学（Distributed Morphology，DM）中的合理成分，为词汇内部的运算推导提供了强大的理论基础。纳米句法的理论模型如下图所示（Caha，2009；Starke，2009）：

(25)

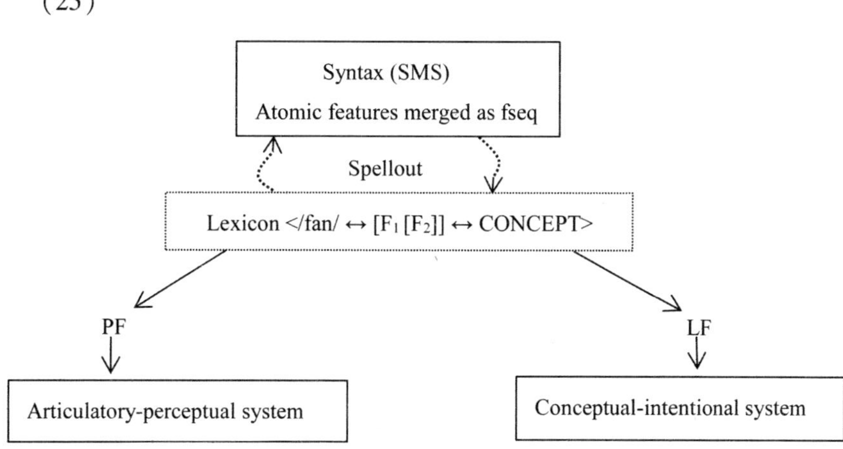

图2-14 纳米句法理论模型图

在上图中，句法部门位于运算系统的最高位置，“SMS”代表句法（syntax）、形态（morphology）和语义（semantics）。在句法部门，原子特征（atomic features）被合并为具有语言普遍性的特征序列 fseq。拼出操作位于句法部门和词库之间，形成“拼读回路（spell-out loop）”。

词库中的词汇项目由三部分组成：音系结构、句法结构和概念结构。比如词项“fan”的结构可以表示为 </fan/ ↔ [X [Y [Z]]] ↔ FAN >。也就是说，纳米句法中的词汇项目包含三个槽位（slot），即音系槽位、句法槽位和概念槽位，分别存储词汇项目的语音信息、结构信息和概念信息。因此，纳米句法中的词汇项目具有较大的信息储存量。

可以看出，词库在纳米句法中位于句法运算之后，这一点和主流生成语法的运算模型差别较大。句法运算和词库之间通过“拼出”操作进行联系。具体的流程为：句法运算 SMS 根据普遍性的特征序列 fseq 将原子特征合并为抽象的句法结构，即“句法树（syntactic trees，S-trees）”，这一抽象的句法结构经过拼出操作而被词库存储，形成“词汇树（lexical trees，L-trees）”。经句法推导生成的结构需要从词库获得必要的材料从而进行词汇化的过程。新的结构不断生成，词汇化的过程亦循序进行，从而形成了句法部门与词库之间的拼读回路。先进行抽象结构的生成，后进行具体的词汇化操作，这一过程符合人类习得语言的一般性规律。因为只有句法结构预先存在，人们才能够进行语言习得。需要指出的是，尽管“句法树”和“词汇树”均来源于句法部门SMS，前者是经运算推导生成的抽象结构，位于句法部门，而后者是经词库存储而获得句法信息的具体结构，位于词汇项目中的句法槽位中。“词汇树”和“句法树”之间的匹配及映射过程形成了纳米句法独具一格的拼出方式。纳米句法的拼出操作受到“超集原则（Superset Principle）”“别处原则（Elsewhere Principle）”和“循环覆盖原则（Cyclic Override Principle）”的制约（Starke，2009）。依次简述如下：

超集原则 该原则规定：如果“词汇树”和“句法树”在结构上具有超集的关系，前者可以将后者拼出。也就是说，当“词汇树”在结构上大于或者等于“句法树”时，前者可以将后者拼出。比如给定一个结构为［X［Y［Z］］］的词汇树，其可以将结构为［X［Y［Z］］］或［Y［Z］］的句法树拼出，因为［X［Y［Z］］］在结构上和［X［Y［Z］］］或［Y［Z］］之间存在超集关系。

别处原则 该原则在本质上属于一种经济性原则，其规定：如果多个词汇树可以将句法树词汇化，那么选择结构冗余最少的词汇树进行词汇化操作。比如对于句法结构［Y［Z］］来说，词汇结构［X［Y［Z］］］和［U［X［Y［Z］］］］均能够进行词汇化操作。但由于结构［X［Y［Z］］］具有较少的冗余成分，由该结构进行拼出操作。

循环覆盖原则 该原则指出：先前进行的词汇化过程为后续的词汇化过程所覆盖。比如给定一个结构［XP］，其词汇化的结果为α，如果后续的句法运算生成结构［XP［YP］］，其词汇化的结果是β，那么，由先前结构［XP］所词汇化的α将被结构［XP［YP］］所词汇化的β覆盖。同理，如果后续句法操作生成了结构［ZP［XP［YP］］］，而该结构的词汇化结果是γ，那么γ将覆盖由先前结构所词汇化的结果α和β。

可以看出，纳米句法主要关注词汇内部结构的表征与生成，其将单个的原子特征视为中心语，按照具有语言普遍性的层级性表征逐步生成词汇结构。因此，纳米句法能够更为精细地刻画词汇的内部结构，为词汇层面的形态、结构和语义研究提供了理论基础（孙文统，2020a）。

2.3.2 纳米句法的操作要件

纳米句法的操作要件体现在句法运算、结构映射、拼出操作和前置成分的处理等方面。在句法运算方面，纳米句法继承了制图理论所倡导的“中心语-特征一一映射假设”，主张句法和语义之间严格的映射关系。此外，纳米句法同样将单个原子特征视为中心语，强调句法结构的简约性。在结构的表征方面，纳米句法承接了最简方案的一贯做法，秉持双分支、右向分叉的非对称性结构表征。比如给定一个包含特征X、Y和Z的词素，其内部结构不能是（25）a，而应该是（25）b：

（25）a. *［X，Y，Z］

b. $[_{XP}X\ [_{YP}Y\ [_{ZP}\ Z]]]$

（25）a是一种无序的特征束，特征之间呈现出对称的结构关系。（25）b体现出一种有序的结构序列，特征之间呈现出非对称的结构关系。从（25）b中可以看出，在纳米句法中，特征是“次词素（submorphemic）”性的，这为语言中的类并（syncretism）现象的解释提供了理论依据。纳米句法的推导方式主要由停留核查（stay and check）、循环移位（cyclic movement）和整体移位（snowball movement）三部分组成，推导运算的过程伴随着结构的映射和拼出过程。纳米句法的推导过程可以表示如下（Baunaz and Lander，2018：37）：

(26) STAY > CYCLIC > SNOWBALL

我们用结构图详细地表示这一运算机制。首先，假设在推导运算中，结构 [$_{YP}$ [XP] ...] 已经生成并被运算系统成功拼出，系统接着把特征 Z 与结构 [$_{YP}$ [XP] ...] 合并，生成结构 [$_{ZP}$ Z [$_{YP}$ [XP] ...]]。但此时特征 Z 尚未被系统拼出，结构 [$_{ZP}$ Z [$_{YP}$ [XP] ...]] 暂时在系统中停留，并在词库中核查是否存在能够与该结构进行匹配的词汇项目，这一过程如下所示：

(27)

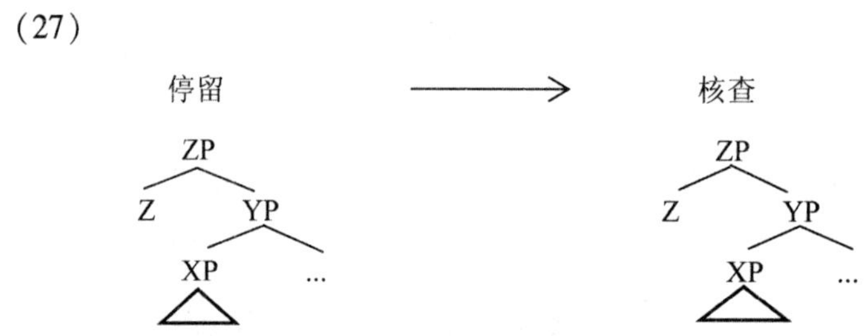

图 2-15 停留核查示意图

如果词库中存在能够与 (27) 中匹配的词汇项目，结构 [$_{ZP}$ Z [$_{YP}$ [XP] ...]] 就可以被运算系统拼出。如果词库中不存在能够与之匹配的词汇项目，(27) 中的 XP 将进行循环移位，即采用左向合并的方式与 ZP 进行合并，生成结构 [XP [$_{ZP}$ Z [$_{YP}$ [XP] ...]]，然后继续在词库中核查是否存在能够与结构 [XP [$_{ZP}$ Z [$_{YP}$ [XP] ...]] 匹配的词汇项目，这一过程如下所示：

(28)

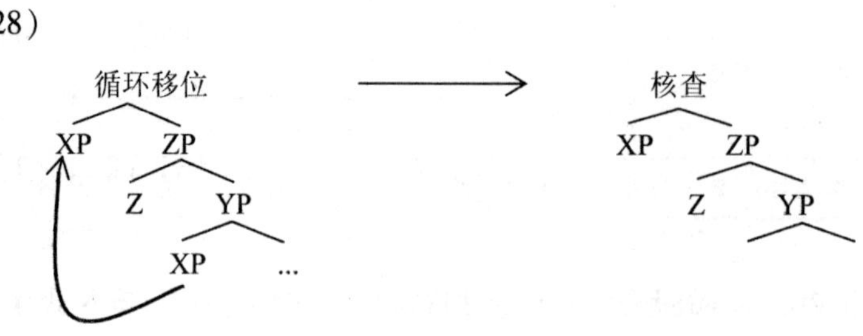

图 2-16 循环移位示意图

如果词库中存在能够与结构 [XP [$_{ZP}$ Z [$_{YP}$ [XP] ...]] 匹配的词汇项目，系统将会进行拼出操作。如果词库中不存在能够与结构 [XP [$_{ZP}$ Z [$_{YP}$ [XP] ...]] 匹配的词汇项目，(28) 中的循环移位操作将会被取消，YP 作为一个整体进行提升移位，形成 [$_{YP}$ [XP] [$_{ZP}$ Z]] 结构，这一过程如下所示：

(29)

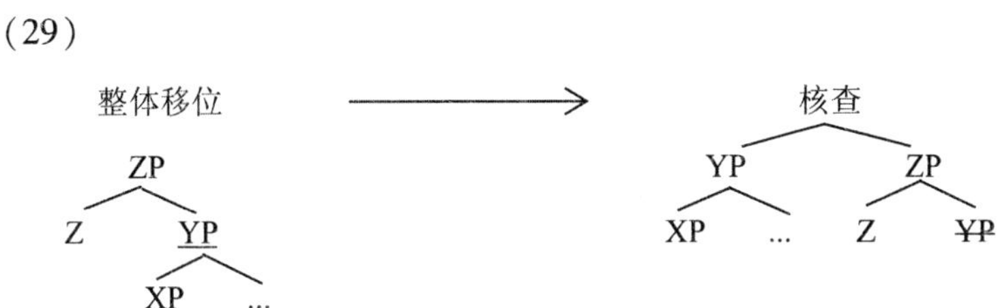

图 2-17 整体移位示意图

上图是循环移位的操作方式，同时伴随着词汇项目的核查过程。如果词库中存在能够与 [$_{YP}$ [XP] [$_{ZP}$ Z]] 结构匹配的词汇项目，这一结构将会被系统拼出。可以看出，在纳米句法的理论框架中，句法移位的最终目的在于能够形成与词库中词汇项目匹配的结构形式并进行拼出操作，从而获得词汇外形，即词汇化过程。换句话说，拼出既是移位的最终目的，也是其产生的内在动因。

在纳米句法中，由于特征是"次词素"性的，这就说明运算系统允许"短语拼出（phrasal spell-out）"，而不仅仅是单个原子特征（中心语）的拼出，请看下面芬兰语和拉丁语中的例子：

(30) a. Karhu-lle　　　　　　　　　　　　　芬兰语

Bear-ALL

'onto the bear'　　　　(Baunaz and Lander, 2018: 16)

b. karku-i-lle

Bear－PL－ALL

'onto the bears' (Caha，2009：73)

(31) puell－ās 拉丁语

girl－ACC. FEM. PL.

'girls. ACC' (Rocquet，2013：8)

在（30）所示的芬兰语中，不同类型的功能投射具有不同的形态外形："－lle"为"向格（allative）"标记，大致相当于英语中的"onto"，"－i"为复数标记。而在（31）所示的拉丁语中，宾格标记（accusative）和复数标记由语素"－ās"统一表示，即宾格特征和复数特征之间产生了类并效应。二者的区别在于，芬兰语中的向格特征和复数特征被运算系统分别拼出为不同的语素，而拉丁语则采用短语拼出的方式，将宾格特征和复数特征整体拼出为一个语素。

关于前置成分（包括前缀和前置词等）的处理方式，纳米句法内部有三种观点。第一种认为前置成分可以独立拼出，并不要求其组成独立的成分。持这种观点的学者有艾贝尔斯和穆里奇（Abels and Muriugi，2008），拉姆钱德（Ramchand，2008），德坎尼（Dékány，2009）等。第二种观点以移位为基础，代表人物是凯哈（Caha，2010）。这两种观点可以通过（30）进行描述：

(32) a. b.

图 2－18 移位运算示意图

在（32）a 中，特征 X 和 Y 无法在词库中找到能够与之匹配的词汇项目，也就是说，二者不具备独立的成分地位（constituenthood），但仍然被系统独立拼出，而在（32）b中特征X通过移位的方式嫁接到特征Y之上。第三种观点认为，前置成分在另外一个独立的工作空间内生成，并在运算后期与DP合并。持这种观点的学者有特拉德森（Taraldsen，2018），潘德齐瓦（Pantcheva，2011），斯达克（Starke，2013）等。这种运算方式如下图所示：

（33）

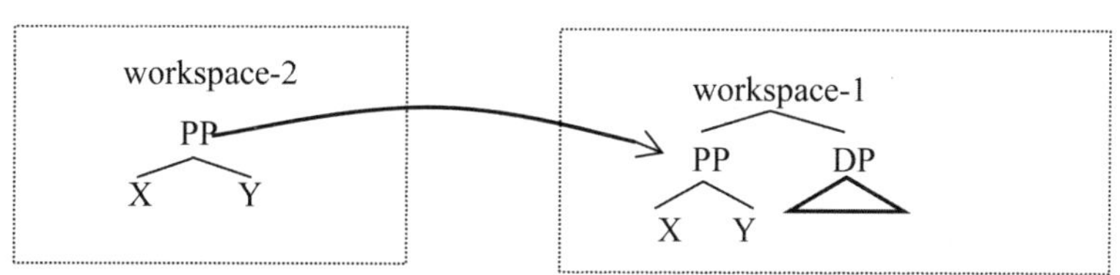

图2－19　独立生成示意图

在上图中，前置成分（特征X和Y）在独立的工作空间（workspace－2）中生成，而工作空间1（workspace－1）负责DP的推导与生成。在DP生成之后，在工作空间2独立生成的前置词PP与DP进行合并，生成PP－DP结构。

由于第一种处理方案并不对前置成分的成分地位进行严格的限定，该方案遭到了一些学者的反对。第二种方案中的移位附加会造成额外的运算负荷，因此也不是最为优化的运算方式。在汉语中，前置词一般由独立的介词所充当，其自身即构成一个独立的词汇项目。因此在本书中，我们采用第三种处理方案，即前置成分和DP在独立的工作空间中并行生成，并在运算后期进行二元合并。

2.3.3　纳米句法的具体应用

我们以Karata语中方位名词的推导机制和英语习语的生成机制为例来探索纳米句法在词汇层面的运行机制。首先看Karata语中方位名词的生成过程。Karata语拥有丰富的词尾方位标记，如下例所示：

（34）a. bajdan－ƫ’－a

suqare – ON – LOC

'on the square'

b. bajdan – ʈ' – a – r

square – ON – LOC – GOAL

'to the square'

c. bajdan – ʈ' – a – gal

square – ON – LOC – SOURCE/ROUTE

'from/through the square' (Pantcheva, 2011: 137)

潘德齐瓦（Pantcheva, 2011）经过语言对比，将自然语言中的方位结构投射总结如下：

(35) a. Route > Source > Goal > Place > AxPart > . . . DP

b. < – ʈ' ↔ AxPart ↔ ON >

< – a↔ PlaceP >

< – r↔ GoalP >

< – gal↔ [RouteP [SourceP [GoalP]]] >

(Baunaz and Lander, 2018: 39)

AxPart 指的是"轴向部分"，用来指明事物相对于轴向的空间关系（比如"上""下""前""后"等）。Karata 语中的词素"– ʈ'"体现了这种轴向关系。词素"– a"是方位标记，"– r"表示"终点（goal）"方所语义，词素"– gal"是方所特征"来源（source）"和"路径（route）"类并的产物。方位名词"bajdan – ʈ' – a – gal（through the square）"的生成过程如下：按照自然语言中方位结构的普遍性投射序列，DP"bajdan"首先与 AxPart 合并，形成"DP – AxPart"结构，由于该结构无法找到能够与之匹配的词汇项目，DP 进行提升移位，形成"DP – AxPart"

结构，即"bajdan – ʈ'"。由于该结构是（34）b 结构中的一个子集，符合拼出原则，运算系统将"bajdan – ʈ'"拼出，这一过程如下所示：

（36）

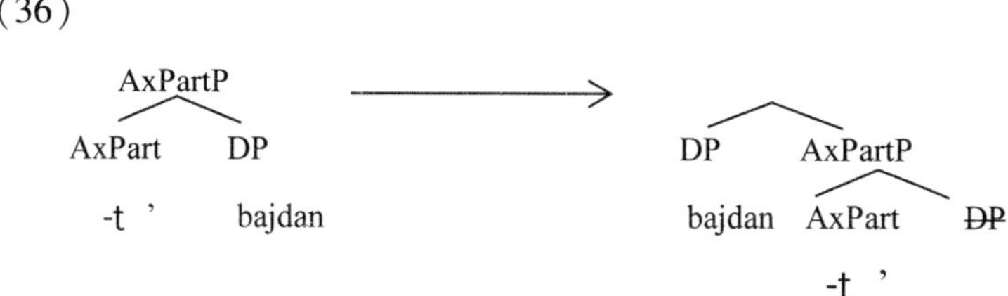

图2-20 “DP-AxPart”生成示意图

随后，方位特征“-a”与该结构合并，生成“Place-DP-AxPart”结构，该结构无法在词库中找到能够与之匹配的词汇项目，因此DP首先进行循环移位，生成“DP-Place-AxPart”结构（37），并在词库中进行核查。由于词库中没有能够与之匹配的词汇项目，DP的循环移位操作被取消，“DP-AxPart”进行整体移位，生成“DP-AxPart-Place”结构（28）。由于该结构是（34）b结构的子集，运算系统将其拼出。这一过程如（37）—（38）所示：

（37）

（38）

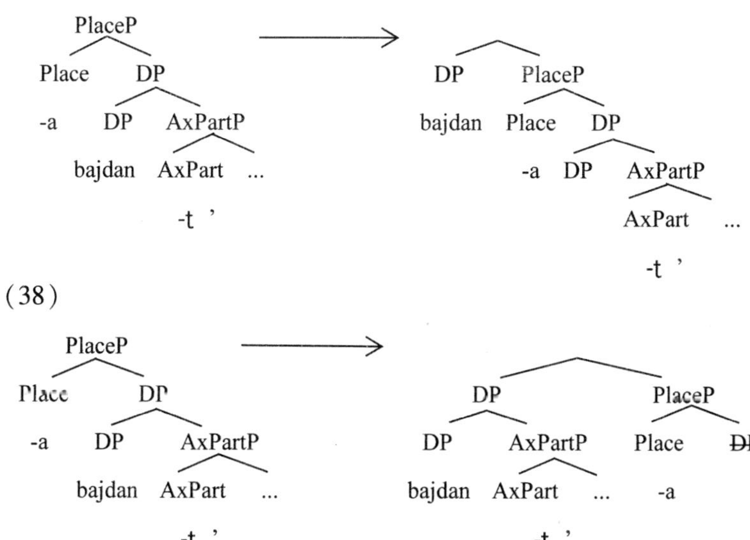

图2-21 “DP-AxPart-Place”生成示意图

随后，“终点”特征“-r”与（38）中的结构进行合并，生成结构“Goal-DP-AxPart-Place”，并在词库中核查是否存在能够与之匹配的词汇项目。由于词库中不存在能够与之匹配的词汇项目，“DP-AxPart”结构首先进行循环移位，生成结构“DP-AxPart-Goal-Place”，并再次进行核查操作。由于词库中仍然不存在能够与之匹配的词汇项目，循环移位被取消，“DP-AxPart-Place”结构进行整体移位，生成结构“DP-AxPart-Place-Goal”。该结构能够与（34）b 中的词汇项目“bajdan-ʈ’-a-r”匹配，从而被运算系统拼出。这一过程如（39）—（40）所示：

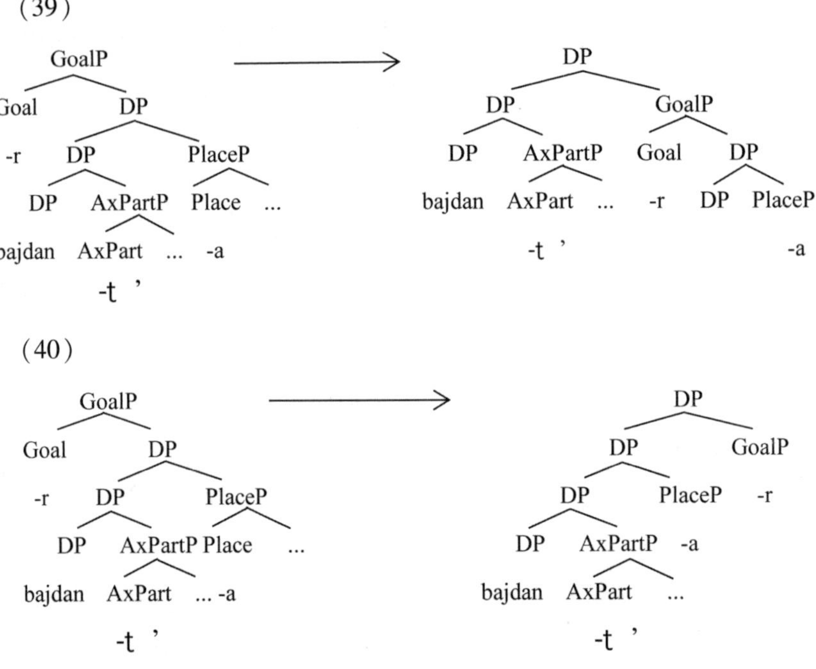

图 2-22 “DP-AxPart-Place-Goal”生成示意图

（34）c 中“bajdan-ʈ’-a-gal”结构的生成方式和（34）b 中“bajdan-ʈ’-a-r”一致，所不同的是，（34）c 中的结构在（40）的基础上继续添加方所特征“来源（source）”和“路径（route）”，在经过合并、（消除）循环移位和整体移位之后，运算系统将特征组合［RouteP［SourceP［GoalP］］］］整体拼出为词素“-gal”，从而形成了表层形式“bajdan-ʈ'-a-gal”。

纳米句法还可以为习语的结构推导与语义生成提供解释。习语具有一系列独有的特征，使得传统的形式句法学理论无法为其提供令人满意的解释。比如下例：

（35）hold your horses

我们知道，习语的语义不是结构中成分的组合语义。（35）中例子的语义为“be patient”。最简方案的理论框架无法为这种非组合语义提供解释。如果我们把习语搭配视为一个独立的词汇项目，将习语结构中的成分视为原子特征，并通过短语拼读的方式进行拼出，习语的非组合语义就可以得到较为合理的解释。比如我们可以将（35）简略表示如下：

（36）

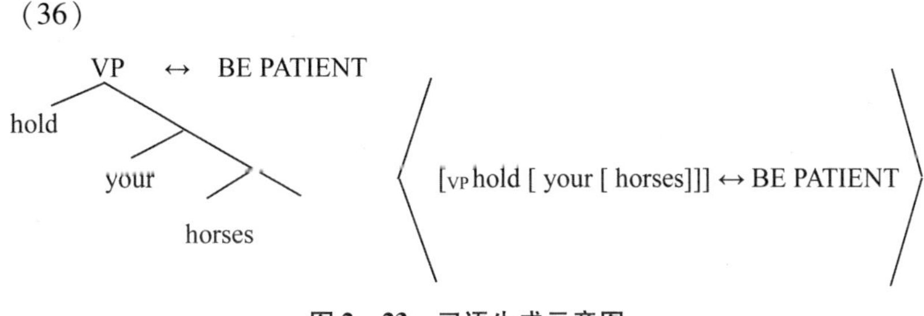

图 2-23 习语生成示意图

在上图中，左边为习语的内部结构形式，右边为词汇项目的句法结构和信息结构。运算系统将“hold”，“your”和“horses”整体拼出，从而生成了其“Be patient”的语义。

2.4 本章小结

本章对本书所选用的理论模型进行了全面深入的阐述。2.1 节主要介绍了最简方案的基本设想及理论模型，阐述了最简方案中合并、移位、特征核查等操作要件以及最简方案中句法推导的限制性条件，并简要介绍了最简方案的新近发展。本节指出：最简方案强调句法运算的对称性和优化性，在句子层面的推导运算中具有明显的理论优势，但该理论模型并不关注词汇内部的结构表征与推导生成。2.2 节主要讨论了制图理论的产生背景及经典分析模型（Rizzi，1997；Cinque，1999），指出其理论目标在于“尽可能精确细致地绘制句法构型”，其理论优势在于极为精细地揭示句法结构的层级性表征，为句法结构的精密刻画提供了方法论基础。此外，本节还讨论了制图理论的具体应用（CP 分裂）及理论延伸。2.3 节主要阐述了一种专注于词汇内部结构表征及运算推导的形式理论——纳米句法。本节首先对纳米句法的理论模型进行了阐述，指出其有别于其他理论模型的鲜明特征：后句法词库及拼读回路。本节详细介绍了纳米句法的句法运算和结构映射方式，并阐述了该理论模型中的短语拼出方式以及对前置成分的处理方案。最后，本节以 Karata 语中方位介词结构的运算机制和英语中习语的结构推导和语义生成为例，阐释了纳米句法的具体应用。

第 3 章

汉语框式介词的界定及分类

本章旨在梳理分析学界关于汉语框式介词的分类模式，对其概念及范围进行重新界定，并在本书的理论框架下对框式介词进行重新分类。

3.1　几种具有代表性的分类

3.1.1　刘丹青（2003）的分类

刘丹青（2002，2003）将“框式介词”引入了汉语研究，并根据前后项的句法语义特征将汉语中的框式介词分为双重赋元、词汇性、强化式和连接式四类（刘丹青，2003：312－313）：

（1）

表 3－1　刘丹青框式介词分类表

	类型	示例
框式介词	双重赋元	“在……上”“从……起”“像……似的”“为……起见”等。
	词汇性	“对……来说”“就……而言”等。
	强化式	“比……来得/要/更”“为……所”“跟……一起”等。
	连接式	“以……以”“因……而”“及……而”“由……而”等。

双重赋元型框式介词的前后项均有赋予题元的功能，因此会导致语义

冗余。该类框式介词中的前项或后项在一定程度上可以省略，形成单纯的前置词短语和后置词短语。表达方所概念的“在……上”等，起讫概念的“从……起等”，比较概念的“跟/向……一样/似的”等和表达动机的“为……起见”等属于这一类。

词汇性框式介词可以视为固定的词汇项目，其后置成分拥有具体的题元意义，但是不能独立地介引题元。该类框式介词中的前置词可以独立使用，但是和整个框式介词的意义有差别，比如“对……来说”的意义不同于介词“对”的意义，而“就……而言”的意义不同于介词“就”的意义。

强化式框式介词的后置成分为副词成分，其本身不具备标记题元的功能，其作用在对其后的动词性成分进行修饰和强化。该类框式介词有“比……来得/要/更”“为……所”“跟……一起”等。在“比……来得”中，后项“来得”不能独立地介引题元，但其意义和“比较”有关，因此被分析为框式介词的后项成分。

连接类框式介词是结构上最为临时松散的框式介词。该类框式介词由前置词和一个连接性的后置成分构成，结构中的后置成分只具备连接的功能，并不标记题元，在句法上可以省略，这一点和强化式框式介词类似。古汉语中的“以……以”“以……而”“因……而”“由……而”“及……而”“为……而”以及现代汉语中的“用……来”“拿……来”等都属于这一类。

3.1.2 陈昌来（2014）的分类

陈昌来（2014）采用现象描写的方式，对汉语“介词框架”进行了全面细致的分类与刻画。陈昌来对汉语介词框架的分类极为精细，大致包含十个次类，每个次类又进一步被划分为若干具体的语言表达。陈昌来关于介词框架的分类模式如下表所示：

（2）

表3－2 陈昌来介词框架类型表

	框架类别	简要说明
介词框架	“PX上”类	P为“在”“从”“自”“向”“往”“朝”“于”“打从”“由”“到”等介词。
	“PX里”类	P为起始类、经由类、终点类和方向类等介词。
	“PX看来”类	P为介引事理、情理、话题、依据、方面等对象的介词。
	“除了X以外”类	“除了”可以换为“除”“除去”“除开”等。
	“对于X来说”类	“对”可以换为“对于”，“来说”可以换为“而言”。
	“PX时/时候”类	P为介词“当”“在”，可能存在结构助词“之”“的”。
	“在N的V下”类	由“N的V”结构嵌入“在……下”形成。
	“从”类介词框架	后部成分可能是方位词、名词性成分和准助词等。
	“用”类介词框架	由“用”“拿”“以”和“说”“来说”等构成。
	“PX以来”类	P为“自”“从”“打”“自从”“自打”等介词。

在第一类介词框架“PX上”中，介词P为方所介词，涵盖各种方所语义类型，除了“在……上”之外，在陈昌来的用例中，还包括“从……上”“向……上”“由……上”“到……上”以及古汉语中的“于……上”“乎……上”“诸……上”“著……上”“望……上”“与……上”等框式介词。比如以下例句（陈昌来，2014：41，45）：

（3）从形式和感情上，我都是孑然一身。

（4）同学们都向山顶上跑去了。

（5）王坐于堂上，有牵牛而过堂下者。（《孟子》）

（6）然后处乎台上，引弹而弹之。（《公羊传》）

可以看出，该类框式介词主要由方所介词和方位词构成，而且结构中不包含结构助词“之”和“以”，比如“在……之上”和“在……以上”等。

第二类介词框架“PX 里”中的介词主要分为四类：起始类介词（比如“从”“在”“自”“打”等），经由类介词（比如“从”“在”“打”“经”等），终点类介词（比如“在”“到”“至”“于”等），方向类介词（比如“往”“向”“朝”等）。请看下例（陈昌来，2014：65）：

(7) 我顺手在衣袋里掏出一张名片来。（起始类）

(8) 竹箭从竹片窝成的弓背当中的一个窟窿里穿过去。（经由类）

(9) 他双手抱住了对方的臂膀，把客人拉到屋里。（终点类）

(10) 他往外走时，忍不住朝墙上的相框里瞥了一眼。（方向类）

第三类介词框架“PX 看来”中的介词主要是介引事理、情理、依据和方面等对象的介词，主要有“在”“从”“就”“按”“按照”“据”“根据”“依据”“依”“照”“依照”等 27 个，组成“在……看来”“就……看来”“从……看来”“照……看来”等介词框架，比如（陈昌来，2014：71）：

(11) 在孟子看来，圣人要成为圣人，必须“知天”。

(12) 就目前情况看来，我们对翻译重视得还不够。

第四类介词框架“除了 X 以外”主要构成“除了……以外”“除……以外”“除去……以外”“除却……以外”“除开……以外”“除掉……以外”等介词框架。

第五类“对于 X 来说”介词框架主要包含“对……来说”“对……而言”“对于……来说”“对于……而言”等结构类型。

第六类“PX 时/时候”介词框架中的介词主要是“当”和“在”，后部名词为“时”“时候”，结构中可能包含结构助词“之”和“的”，形成“在……时候”“当……时候”“在……之时”“当……的时候”等介词框架。

第七类“在N的V下”是“在X下”的一个小类，“N的V”中的“的”字有时可以不用。比如（陈昌来，2014：133）：

（13）在政府的领导下，各部门密切配合，各司其职，各负其责。

（14）我在父亲陶冶下，学会了吹箫，也学会了唱《苏武牧羊》和《满江红》。

第八类“从”类介词框架的后部成分比较复杂，可以是方位词，比如“从……上”“从……下”“从……内”“从……里”“从……边”等，也可以是名词性成分，比如“从……时候”“从……方面”“从……角度”等，还可以是准助词，比如“从……看来”“从……来讲”“从……来说”等，还可以形成“从……而……”和“从……到/往/至/向……”等框架。

第九类“用”类介词框架主要由介词“用”和“以”和后置词（比如“说”“来说”“说来”“看”“来讲”“起见”“来看”等）构成，比如“用……来说”“用……来”“拿……来说”“拿　来”等。

第十类“PX以来”类主要形成“自……以来”　“从……以来”“打……以来”“自从……以来”“自打……以来”“打从……以来”等介词框架。

可以看出，在陈昌来的分类模型中，方位词、名词性成分和准助词成分均可以充当介词框架的后部成分，而且介词框架还包含“从……而……”和“从……到/往/至/向……”等非封闭式的介词框架结构。因此，陈昌来认为介词框架中的后项是独立的方位词、名词、副词和准助词等，其关注的焦点是介词框架及其后项和介引对象的句法和语义特征。

3.1.3　张云峰（2014）的分类

阜阳师范大学文学院副教授张云峰（2014）将框式介词分为时间处所类、范围对象类、方式原因类和连接类四大类，每大类中又包含若干小类，具体分类模式如下表所示：

（15）

表 3－3　张云峰框式介词分类表

框式介词	时间处所类	“……时”类、“……来”类、方位类、定位方向类、经过类、“自/从……起”类、“……处”类。
	范围对象类	起讫类、连带类、“除……外”类、被动类、“以……为”类、比况类、差比类。
	方式原因类	视角、依据、话题类、原因类。
	连接类	“……以”类、“……而”类、“……来/去”类。

在时间处所类所包含的各个次类中，每一个次类还可以进一步细分。“……时”类可以进一步细化为起始类、临近类、正当类、终到类、时点类、条件类等六个小类。“……来”类框式介词被进一步细化为起始类和到达类两个小类。方位类框式介词被进一步细化为“上”类、“下”类、“前”类、“后”类、“中”类和“外”类六个小类。定位方向类框式介词被细化为“自”类、“由”类、“从”类、“向”类、“望（着）”类、“往”类、“顺着”类、“在”类、“到”类以及“其他”等十个小类。经过类框式介词被进一步细化为“始发”类、“所在”类、“方向”类、“经由”类、“沿途”类等六个小类。“自/从……起”类框式介词被进一步细分为“自”类、“从”类、“自从”类、“打”类和扩展类等五个小类。扩展类包含较为复杂的框式介词结构，比如“自……起……至……”“自……起头……直至”“自……起……至……止”“自从……起……到……”等。“……处”类框式介词被细化为始发类、方向类、所在类和到达类等四个小类。

范围对象类的每个次类也被进行了进一步的细化，起讫类框式介词被进一步划分为“自”类、“从”类、“由”类、“自从”类、“起”类、

“以”类等六个小类。连带类框式介词被进一步细化为重叠式（比如：“和……和……”“连……连……”等），近义并叠式（比如“连……并……”“连……与……”等），双向式（比如“和……连……”“连……和……”等）和扩展式（比如“连……连……和……”“连……带……并”等）四种类型。此类框式介词在形式上较为复杂，涉及项目比较多，并不属于由前项和后项共同构成的封闭性框式结构。“除……外”类框式介词的主要形式为“除了/除去/除掉……外/之外/以外/而外”。被动类框式介词主要包括“为……所”“为……之所”“为……见”“为……之”“被……所”“被……之所”“被……见”“见……于”“与……（之）所”“教……所”等格式。张云峰指出，被动类框式介词在古汉语中非常丰富，在近代汉语中主要体现为“为……所”和“被……所”两大格式。“以……为”类框式介词大多表示“处置”意义，根据表义和功能可以细化为等同关系，伴随/同一关系，判定关系，比较关系和句法标志五个小类。需要指出的是，在张云峰的分类模式中，此类框式介词和被动类和连带类框式介词一样，本身并不构成严格意义上的封闭结构，这些类型的框式介词的后项要与其后的成分发生关系，比如（张云峰，2014：210）：

（16）人道尚右，以右为尊。先礼宾客，故西让客，主人在东，盖自卑也。

（17）纬曰：“陛下以臣为贤，是谤臣也”。

比况类框式介词被细分为“如”类、“似”类、“像”类、“照”类、“同”类等五个小类。比如“如……一般”“似……一般”“像……似的”“照……一样”“同……一样”等。差比类框式介词有“比……过……”“比……最为……”“比……又……”“比……还……”等。该类框式介词在形式上与被动类、连带类和“以……为”类框式介词类似，其在结构上并不构成严格的封闭结构，结构中的后项（通常是程度副词）和其后的成分产生关系，比如（张云峰，2014：234，235）：

（18）学校教养，以成其才，既命以官，无阙除授，天下事务，比祖宗时过多，而分职置官，尚仍祖宗之旧。

(19) 如韩愈所引越椒等事，若不着个气质说，后如何说得他！韩愈论性比之荀扬最好。

方式原因类框式介词被分为视角、依据、话题类和原因类两个小类。前者被进一步细化为“以类”“自”类、“就”类、“依”类、“据（着）”类、“按”类、“照”类、“拿类”“由”类等九个小类。表达形式如“以/自/就/依……言/言之/讲/观之/论之等”“按/照……说/来说/看来/看去/讲起来/看起来等”“拿……说/说/说起/讲/论等”。原因类框式介词又被细分为“缘”类、“为”类、“因”类、“由”类、“以”类、“看”类、“因为”类等七个小类，表现形式如“为……缘/故/起见/之故/之因等”。

连接类框式介词被进一步细化为“……以”类，“……而”类和“……来/去”类三个小类。此类框式介词和差比类、连带类、被动类和“以……为”类相似，即结构中的后项与其后的成分产生联系，因此并不构成严格意义上的封闭性结构（张云峰，2014：281，284）：

(20) 众生由之以入。入大衢路既径且易。

(21) 滈不敢仰视，乃跃马复由北门而出。

可以看出，在张云峰的分类模型中，框式介词也具有较为宽泛的内涵和外延。在结构上，框式介词结构既可以是封闭性的，也可以是开放性的。

3.1.4 王世群（2016）的分类

王世群（2016）根据语义特征将汉语框式介词分为时空和非时空两个大类，并将每个大类进行了细化，具体分类模式如下（王世群，2016：29－31）：

（22）

表3-4 王世群框式介词分类表

框式介词	时空类框式介词	处所类、起讫类、时间类。
	非时空类框式介词	排除类、比况类、关涉类、依据类、目的类。

如上表所示，时空类框式介词被细化为处所类、起讫类和时间类三个小类，而非时空类框式介词包含排除类、比况类、关涉类、依据类和目的类五个小类。每个小类又进行了不同程度的细化。处所类框式介词由前置词和处所后置词构成，根据语义特征被进一步细化为“所在”“源点”“经由”“终到”和“方向”五个次类，比如：“在……上”“从……上”“沿着……边”“到……上”“往……上”等。起讫类框式介词由表示起点/终到的时空类前置词和后置词“起”和“为止”构成，比如“自……起”“打……起”“自打……起”“从……起”“自从……起”“到……为止”等。时间类框式介词由时空前置词与时间后置词“之前”“之后”“以来”“来”“上下”等组成，比如：“在……之前”“自……以来”“自……来”“在……前后”等。

在非时空类框式介词中，排除类框式介词由“除了”“除开”“除去”“除”与等与后置词组成，常见的有“除（了）……之外”“除去……以外”“除……而外”“除开……外”等。比况类框式介词由前置词“像”“同”“跟”“和”“与”和后置词“一样”“似的”“般”和“一般”等构成，常见的有“像……似的”“跟……一样”“和……一样”“同……一般”等。关涉类框式介词由前置词“在”“对”“对于”“拿”“就”等和后置词“来说”“说来”“来讲”“而言”等构成，比如“在……来说”“对……而言”“就……而言”等。依据类框式介词由前置词“按”“按照”“依”“依照”与后置词“来看”“而言”“来讲”“来说”“说来”等构成，常见的有“按（照）……来说”“依照……说来”“依……来讲”

等。目的类框式介词由前置词“为（了）”和后置词“起见”构成，比如“为了……起见”“为……起见”等。

可以看出，不同学者对框式介词的范围看法不一。和刘丹青（2003）、陈昌来（2014）和张云峰（2014）的分类模式相比，王世群（2016）对框式介词的类型范围界定得较为严格，大致相当于刘丹青（2003）分类模式中的双重赋元型框式介词和词汇性框式介词，刘丹青（2003）分类模式中强化式和连带类框式介词（比如“为……所”“以……而”等）、陈昌来“从……而……”和“从……到/往/至/向……”等介词框架和张云峰的差比类框式介词（比如“比……过……”“比……最为……”“比……又……”“比……还……”等）不在王世群（2016）的分类模式中。

3.2 几种容易混淆的结构概念

3.2.1 介词框架

“介词框架”是陈昌来（2002）提出的概念，指的是介词在前，后置性成分在后，使所介引的成分夹在中间而形成的一种框架性结构。在陈昌来（2014）的分类模式中，后置成分的类型较为复杂多样，方位词、名词、连词、介词、准助词等均可以充当介词框架中的后置成分，比如“在……上/下//前后”“当/在……的时候”“从……到”“对于……来说”“从……而……”等。后置成分的多样化造成了介词框架内部的巨大差异：在形式上，由方位词构成的介词框架是一种封闭的介词结构，其后项不与其后的成分产生关系，而由介词和连接性后项成分所构成的介词框架（比如“从……向……”“从……往……”“从……而……”等）在形式上是非封闭性的，而且后项要与其后的成分产生句法关联，比如：

(23) 再说一遍：从东往西，第一个红碗，是刘广聚！

(《李有才板话》赵树理)

在“从东往西”中，由于“往”是介词性的，其与方位词“西”产生句法关系，使“从……往……”成为一种开放性的框架结构。这种结构和英语中的“from……to……”型介词结构类似。在介引对象方面，由名词性后置词构成的介词框架的介引对象为小句，而不能是一般的名词性成分，比如：

(24) a. 当小辛需要我帮忙的时候，我一定尽最大努力——我暗想。

(《天津日报》，1990-2-14)

b. *当作业的时候，我一定尽最大努力。

上例中的介词框架“当……的时候”只能介引小句成分，而不能介引名词性成分，因此在语法功能上，介词框架并不都是介词性的，有的是连词性的。而“框式介词”在语法上是介词性的，其介引对象为名词性成分。

因此，陈昌来（2002）所说的“介词框架”具有较为宽泛的内涵和外延，其结构中的前项是介词性的，但其结构中的后项可以由方位词、介词、连词、名词、准助词等句法成分充当。在结构上，介词框架可以是封闭性的结构，比如“在……上”“除……之外”等，也可以是开放式的，比如“从……到……”“从……而……”等。在语法关系上，介词框架的后项既可以和位于介词框架中的介引对象产生关系，也可以和位于介词框架中后项之后的成分产生关系。在介引对象方面，介词框架既可以介引名词性成分，也可以介引动词短语和小句成分。而框式介词在本质上是介词性的，其主要以名词性成分为其介引对象。

3.2.2 介词连用

介词连用指的是两个介词相邻并列使用的现象，在形式上表现为“介

词 + 介词 + 介引对象”。介词连用现象在英语中较为常见，比如：

（25）a. from behind the door 从门后

b. from under the desk 从桌子底下

c. in between the two trees 在两棵树中间

d. until after six o'clock 直到八点以后

汉语中也存在单音节介词的连用现象，上海师范大学人文学院教授张谊生（2013）将这种现象称为“介词叠加”，并区分出六种介词的叠加形式（张谊生，2013：16）：

（26）a. 朝向，因为由于 （并列式）

b. 介乎于，打从自 （附加式）

c. 求诸于，见诸于 （融合式）

d. 依遵照，按遵照 （归并式）

e. 自打从自，由于因为 （嵌套式）

f. 介乎于在，加诸在于 （积累式）

可以看出，介词连用现象和框式介词之间存在显著的差异性：框式介词的介引对象在中间，并且结构中的后项成分不一定都是介词性的。而介词连用结构中的并列的成分必须是介词，并且被介引的对象必须位于两个介词之后，而不能位于二者的中间：

（27）a. * from the door behind * in the two trees between

b. 朝向大海 *朝大海向

因此，介词连用在本质上是前置性的，连用的两个介词之间不能插入任何成分，因此该类介词结构在结构形式上与框式介词存在显著的差异。

3.2.3 双位介词

双位介词（ambiposition）是指可以同时出现在被介引的对象之前和之

后的介词形式（Hagège，2010：114）。该类介词有不同的名称："双位介词"（Glück，2000；Libert，2006）、"双边介词（biposition）/换位介词（alterposition）"（Grünthal，2003；Reindl，2001）、"前－后位介词（pre－postposition）"（Bailey，1929）、"前－中位介词（pre－in－position）"（Libert，2006）等。比如下面古希腊语和荷兰语中的例子：

（28）a. **apò** hês alókhoio 古希腊语

from POSS. 3SG. GEN wife. GEN

'（far）from his wife'

b. nen **ápo**

ship. GEN. PL from

'from the ships' （Hagège，2010：116－117）

（29）a. Hein klimt de berg **op** 荷兰语

Hein climb. 3SG. PRS ART mountain on

'Hein climbs up the mountain'

b. Hein klimt **op** de berg

Hein climb. 3SG. PRS on ART mountain

'Hein climbs on/onto the mountain' （Helmantel，2002：34）

在（28）a中，介词"apò（from）"位于名词"alókhoio（wife）"之前，在（28）b中，介词"ápo（from）"位于名词之后，"apò"和"ápo"仅在重音方面存在差异。而在（29）a和（29）b中，介词"op（on）"既可以位于名词"berg（mountain）"之前，也可以位于其后。在古代汉语中也有双位介词的用例：

（30）a. 孔子适卫，望之于野。 （《列子》）

b. 野于饮食。 （《墨子·非乐上》）

（31）a. 古者，庶人春夏耕耘，秋冬收藏，昏晨力作，夜以继日。

（《盐铁论》）

b. 家贫不常得油，夏月则练囊盛数十萤火以照书，以夜继日焉。（《晋书》）

在（30）中，方所介词“于”既可以出现在名词“野”之前，也可以位于其后；而在（31）中，方式介词“以”同样既可以位于名词“夜”之前，也可以位于其后。因此，双位介词只能出现在介引对象的前部或后部，其在结构特征和句法表现方面和框式介词之间具有本质的区别。

3.2.4 虚词框架和框式虚词

王世群（2016）提出了“虚词框架”和“框式虚词”这两个概念，并对二者进行了区分。虚词框架是指由前置性虚词和后置性虚词共同构成的结构形式，按照结构的作用范围可以进一步划分为句内性虚词框架和跨句性虚词框架。句内性虚词框架有“用……来……”“为……而……”“连……也……”“被……给……”“比……要……”等，而跨句性虚词框架有“虽然……但是……”“因为……所以……”“尽管……还是……”等，比如：

(32) 他认为球迷可以用传统而无害的方法来为球队助威打气。(《天津日报》, 1990－6－19)

(33) 因为这台洗衣机十年前就买了，当时又没有实行“三包”，所以信发出后，我们也没抱多大希望。(《解放日报》, 1983－11－24)

在（32）中，虚词框架“用……来……”位于同一个小句中，而在（33）中，虚词框架“因为……所以……”则横跨了两个小句，即虚词框架中的前项和后项位于不同的小句中。王世群（2016）将框式虚词定义为“由前置虚词和后置虚词所构成的虚词类型”，比较常见的有“如果/如果说/要是/假如……的话”“正（在）……着”等，比如：

（34）如果说这泪可以甩成八瓣的话，那么每一瓣里，都有她所特有的老而弥笃的母爱。（《羊城晚报》，1984－12－29）

（35）步出牛舍，来到老式农舍的大门前，一位中年壮汉正在霍霍霍地磨着切牛草的刀。（《解放日报》，1982－4－13）

（34）中的框式虚词在语法上是连词性的，连接一个小句成分，而（35）中的框式虚词是副词性的，前项“正在”修饰动词“磨”。可以看出，虚词框架和框式虚词之间存在显著的差异性。从结构形式上看，虚词框架是开放性的，结构中前项与后项并不构成一个封闭性的结构。框式虚词则是自足性的，其结构中的前项和后项共同构成一个封闭性的结构单位。从语法关系上看，框式虚词中的后项与位于其后的句法成分产生关系，对其进行修饰和限定，而框式虚词由于其结构上的封闭自足性，其结构中的后项不与位于其后的结构成分发生关系。框式虚词的前项和后项仅与位于结构之间的句法成分发生语法关联。在结构构成方面，虚词框架的前项可以是介词（比如“用……来……”等），也可以是连词（比如“因为……所以……”等），而框式虚词的前项为连词（比如“如果……的话”等）、副词（比如“正（在）……着”等）或介词（王世群把框式介词归为框式虚词中的一类，比如“在……上”等）。就涉及的句法成分而言，框式虚词可以涉及名词、动宾短语和小句等句法成分，而虚词框架一般涉及小句和动词。

从对虚词框架和框式虚词的讨论中可以看出，框式介词与这两类结构形式具有本质的不同。首先，框式介词在本质上是介词性的，具有介词的一般属性。其结构中的前项必须为介词。而虚词框架和框式虚词中的前项可以是介词、连词和副词。其次，由于具有介词的一般属性，框式介词的介引对象一般是名词性的，而虚词框架和框式虚词所涉及的结构成分可以是名词性的，也可以是动词性的，还可以是小句。第三，框式介词在结构形式上应该是封闭自足的（详见下一节的讨论），其结构中的前项和后项共同与位于结构中间的介引对象发生关联，而虚词框架和框式虚词在结构上既可以是封闭自足的，也可以是开放性的，既可以出现在同一个小句内部，也可以横跨两个小句，其结构中的后项与位于其后的结构成分之间的语法关联是选择性的，而非强制性的。

3.3 本书的界定及分类

3.3.1 本书对框式介词的界定

从上节的讨论中我们看出，不同学者对于汉语框式介词的内涵和外延持有不同的观点，因此，汉语框式介词在不同的理论框架中往往具有不同的结构范围和表现形式，造成术语混乱和概念混淆。本书所讨论的框式介词结构应该满足以下几个条件：

(36) a. 结构本身是介词性的，介引对象必须为名词性成分；

b. 结构中的前项必须是介词，后项成分为方位词或准助词成分；

c. 结构中的前项和后项构成一个封闭性的、自给自足的结构；

d. 结构中的后项不能与位于其后的句法成分发生语法关系。

总体来看，(36) 中的限制性条件是为了保证汉语框式介词结构的介词性、封闭性和自足性，从而从结构特征和语法特征方面对框式介词做出了严格的限定。(36) a 明确了汉语框式介词的语法属性：正是由于框式介词拥有介词的语法属性，其介引的对象必须为名词性成分。从这个意义上来讲，陈昌来 (2014) 分类模型中的“PX 时/时候”“PX 以来”类和张云峰 (2014) 分类模型中的“……时”类等不属于我们所定义的框式介词的范畴，因为位于这些结构中的成分可以是小句。比如：

（37）当他们发现被洪水围困时，已经无法撤离了。（《中国青年报》，1992-7-20）

（38）记者要他评估一下南非选手在本届奥运会上的表现时，他说："成绩会不错。"（《中国青年报》，1992-7-20）

（37）和（38）中下划线部分均为小句。小句一般不能为介词所介引。（36）b对框式介词中的后项进行了限定，将其限定为单音节方位词（比如"上""下""前""后"等）和准助词（比如"来说""为止"等）。刘丹青（2003）分类模型中的强化式框式介词和连接式框式介词以及张云峰（2014）分类模型中的连带类（比如"和……和……""连……连……"等）和差比类（比如"比……过……""比……最为……"等）框式介词不在本书的研究范围。因为这些结构中的后项为连词或副词，比如：

（39）特别是在领导作风问题上，陕甘宁边区部队的进步，可以为一切八路军新四军部队所仿效。（《红旗杂志》，1978-4-16）

（40）翻译没有一定规则，十分草率粗糙，结果往往或因过于直译而译理未尽，义难通晓，或因过于意译而失其本旨，义多暧昧，或因疏脱而前后矛盾，义不联贯。（《道安的佛教哲学思想》方立天）

（39）中"为……所……"中的后项为"副词"，使其后的动词得到强化；（40）中"因……而……"中的后项为连接性成分。（36）c和（36）d从结构形式和语法关系上对框式介词进行了限定。陈昌来（2014）分类模型中的"从……而……"和"从……到/往/至/向……"等结构、张云峰（2014）分类模型中的连带类和差比类框式介词以及刘丹青（2003）分类模式中的强化式和连接式框式介词在结构上是开放性的，其结构中的后项成分和位于其后的句法成分产生语法关系，因此也不在本书的分类模型之内。比如以下例句：

(41) 从孝陵碑亭折向西北，过御河桥，进入了孝陵的“神道”，现在叫石象路。(《明孝陵溯源》侯镜昶)

(42) 当地农民们都说：“赵导演他们比种地的庄稼人还辛苦哩!”(《侧幕边上》周导)

(41)—(42)中的“从……向……”和“比……还……”构成开放性的结构，其结构中的后项与位于其后的句法成分产生语法关联，因此也不属于我们所讨论的框式介词结构。

从上面的讨论中我们看出，本书中的框式介词具有较为狭窄的内涵和外延，从结构形式和前后项类型方面对框式介词作出了较为严格的限定。本书大致赞同王世群（2016）对汉语框式介词的界定方案，并从结构特点和语义特征方面对其进行重新分类。

3.3.2 本书的分类方案

3.3.2.1 汉语框式介词的前置词类别

汉语学界大多根据语义对汉语前置词进行分类，不同学者的分类方式之间多有交叉之处。根据温州大学人文学院教授马贝加（2003）的分类方案，汉语中的前置词可以分为处所、时间、对象、方式、原因和范围等六个大类，每个大类又可以进一步划分为若干小类。这八种类型的介词简单列举如下：

(43) a. 处所介词：于、自、从、在、到、打、向、朝、经、由、沿、顺等。

b. 时间介词：自、从、自从、从自、打、打从等。

c. 对象介词：对、于、就、和、与、跟、同、与同等。

d. 方式介词：依、据、依据、按、照、按照、照依、遵依等。

e. 原因介词：由、由于、因、因为等。

f. 范围介词：除、除却、除了、就、对于、关于等。

中山大学中文系教授傅雨贤等（1992）将汉语前置词分为施事、受事、对象、工具、时空、方式依据、排除、原因目的等八类，简要列举如下：

（44）a. 施事介词：叫、让、被、给等。

b. 受事介词：将、把等。

c. 对象介词：对、对于、就、跟、同、和等。

d. 工具介词：拿、用等。

e. 时空介词：在、从、自、到、朝、向、沿、顺等。

f. 方式依据介词：照、按、依、按照、依照、凭等。

g. 排除介词：除、除去、除开、除了等。

h. 原因目的介词：由于、为、因、因为等。

陈昌来（2002）则将汉语介词分为主事、客事、与事、境事、凭事、因事、关事、比事八个大类，每个大类也进行了不同程度的细分，简要列举如下：

（45）a. 主事介词：被、让、叫、由、任等。

b. 客事介词：将、把、对、对于等。

c. 与事介词：对、给、跟、同、和、与等。

d. 境事介词：在、从、自、经、经由、顺、朝、向、沿、到、指等。

e. 凭事介词：拿、以、把、将、用、靠、按、按照等。

f. 因事介词：为、为了、因、因为、由、由于等。

g. 关事介词：对、对于、针对、就、拿、除、除了等。

h. 比事介词：比、比起、比起……来、比之于、较、较之、同、像等。

我们认为，能够充当汉语框式介词中前项的是表达方所、时间、比况、目的、排除、依据和对象等语义的介词，具体内容如下：

(46) a. 方所介词：在、于、自、从、打、打从、朝、向、往、由、经由、顺、沿等。

b. 时间介词：在、自、从、到、至等。

c. 比况介词：比、和、同、像、似、如同、犹如、仿佛等。

d. 目的介词：为、为了等。

e. 排除介词：除、除了、除去、除开等。

f. 依据介词：照、依、按、据、凭、按照、依照、依据、通过、经过等。

g. 对象介词：对、拿、就、对于、与、跟、同等。

在上述的介词类型中，方所介词可以进一步细化为处所类（在、于等）、方向类（朝、向等）、来源类（自、从等）、终到类（至、到等）、沿途类（沿着、顺着等）和经由类（经、经由等）六个小类。时间介词可以进一步划分为时间类（在、于等）、起始类（自、从等）、终点类（到、至等）三个小类。这些介词类型与不同的后项成分进行搭配，形成了汉语中形式各异的框式介词结构。

3.3.2.2　构成汉语框式介词的后项类型

在3.1节中我们指出，在不同学者的分类模型中，框式介词的后项成分具有不同的表现形式。有的学者的分类模式较为宽松，允许多种不同的句法成分充当框式介词的后项。比如在陈昌来的分类框架中，方位词、名词、副词和准助词等均可以充当介词框架的后项，而刘丹青（2003）强化式和连接式框式介词的后项往往由副词和连词充当。在张云峰（2014）的分类模型中，除了方位词之外，副词、连词和介词也能够充当框式介词的后项。我们在3.3.1节从结构形式和语法特征方面对汉语框式介词进行了界定，指出其应为一种封闭的、自给自足的介词类型，并且结构中的后项只能与介引对象产生语法关联。连词、副词、介词等对其后的成分起到连接、修饰和支配的作用，无法与前置词构成封闭自足的结构系统，因此不宜作为框式介词的后项。除此之外，由于介词属于功能语类，与框式介词中的前置词进行搭配的后项也应当是功能性的，因此名词短语也不宜充当框式介词中的后项。我们认为，汉语框式介词的后项由以下几类构成：

(47) a. 方位词：上、下、前、后、左、中、右、间、东、南、西、北、内、外等。

b. 准方位词：角、脚、腰、顶、边、沿、心、根、背、梢、底等。

c. 助词“之”和“以”与方位词组合的结构：之前、之后、之上、之下、之内、之外、以上、以下、以前、以后、以南、以北、以东、以西、以内、以外等。

d. 方位词并立：上下、前后、左右、中间等。

e. 方位词与准方位词的并立：边上、沿上、脚下、底下等。

f. 具有后附性的助词成分：来说、说来、来讲、起见、似的、一样、一般等。

方位词是框式介词中最为常见的后项类型，其可以与不同类型的方所介词构成框式介词，比如极为常见的方所介词表达“在……上”“在……下”“从……里”“到……内”等。准方位词也是单音节的，大多来自表达身体部位和物体部分的名词，同样具有方位标记的功能。比如：

(48) a. *在桌子 *在柳树

b. 在桌子上 在柳树上

c. 在桌子角 在柳树稍

d. 在桌子角上 在柳树稍上

在（48）a 中，名词短语缺少方位词，表达不合语法。在（48）b 中，方位词和介词组成框式介词“在……上”，表达合乎语法。在（48）c 中，准方位词"角"和"梢"的出现同样可以使表达合乎语法。准方位词和介词构成"在……角""在……梢"的框式介词结构。这是因为，准方位词和方位词之间存在诸多相似之处，除了单音节、具有粘附性之外，二者还具有标记方位范围的功能。在（48）d中，准方位词和方位词并立，同样具有标记方位的功能。助词"的"和"以"一般只与方位词结合，而不能与准方位词结合，比如：

（49）a. "在……之上" "在……之下" "在……以内" "在……以外"

b. *"在……之角" *"在……之腰" *"在……以梢" *"在……以脚"

方位词并立也可以与介词结合形成方所介词结构，常见的有"在……左右""在……上下""在……前后""在……中间"等。准方位词和方位词的并立也可以和方所介词构成框式介词结构，比较常见的有"在……边上""从……沿上""在……脚下""到……底下"等。具有后附性的助词需要满足两个条件：第一是后附性，第二是介词性。也就是说，这些助词成分可以和介引对象产生语法关系，在某些条件下，后项成分可以脱离介词而存在。(47）f中所列举的助词可以满足这两个条件，比如下例：

（50）a. 从总体来说，我们可以把建国以来人民公安机关的侦查工作划分为三个阶段。(《中国司法制度》吴磊，力康太等)

b. 这几年上海的文艺创作和理论批评，总体来说充满了一种体现时代要求的开拓、探索、创新与追求的改革精神。(《现代意识与文化传统》徐中玉)

在上例中，助词"来说"既可以和介词"从"搭配，构成框式介词结构"从……来说"（a项），也可以单独和名词结合（b项），体现出一定的介词性特征。此外，"来说"本身一般不能单独使用，体现出明显的粘附性。因此我们说，“来说”可以充当框式介词结构中的后项成分。（47）f 中的其他几例也呈现出相同的句法表现：

（51）a. 为了安全起见 ↔ 安全起见

b. 像花儿一样/一般/似的 ↔ 花儿一样/一般/似的

c. 从某个方面来讲↔ 某个方面来讲

因此，在框式介词后项成分的分类方面，我们赞同王世群（2016）的做法，将介词性和粘附性作为其限定标准。在本书中，框式介词的后项成分具有较为狭小的内涵和外延。

3.3.2.3　汉语框式介词的结构类型

我们在 3.3.1 节中对汉语框式介词进行了界定，明确了其封闭自足的结构特征以及后项的语法特性。除此之外，我们还指出了其所具有的介词性特征要求其所介引的对象必须是名词性的，因此下列结构形式不属于我们所讨论的框式介词：

（52）在昨天下午辽、鲁比赛之前，上海队与另二个队的比赛结果全为平局。（《天津日报》，1987－11－27）

（53）自从本月 12 日英国政府下令以“间谍”罪名驱逐 25 名苏联驻英国人员以来，双方由间谍案发展到一场激烈的“驱逐战”。（《解放日报》，1985－9－27）

在（52）—（53）中，“在……之前”和“自从……以来”中的成分为小句。在这些结构中，前项“在”“自从”不宜视为介词，其语法功能更接近连词，起到连接小句的语法功能。这一点和英语中的“for”的情况类似。在英语中，“for”既可以作为介词为句子介引间接题元，也可以作为标句词（complementizer）连接非时态性小句：

（54）a. Smocking is bad for your health.

b. What I will try and arrange is for you to see a specialist. (Radford, 2006: 75)

在（54）a 中，“for”为介词，名词短语“your health”是其介引对象。而在（54）b 中，“for”为标句词，连接非时态性小句“you to see a specialist”。因此，我们将（52）—（53）中的“在”“自从”视为连词性成分，并不是我们所讨论的框式介词中的介词性前项。根据（46）中对汉语框式介词前项的语义分类，我们将汉语框式介词分为方所类、时间类和非时空类三个类别，具体分类模式如下表所示：

（55）

表 3－5 汉语框式介词类型表

框式介词	方所类	处所类	在……上、在……角、在……之上、在……以南等。
		方向类	向……上、朝……脚、往……南、对……上等。
		来源类	从……中、自……里、自从……里、由……北等。
		终到类	到……上、至……东、及……中、到……里等。
		沿途类	沿着……上、顺着……边、缘……沿、循着……上等。
		经由类	经……前、由……后、经由……前、从……前等。
	时间类	时段类	在……前、在……之前、在……后、在……前后等。
		起始类	自……起、从……起、打……起、自打……起等。
		终点类	到……止、到……为止、至……止、至……为止等。
	非时空类	比况类	跟……一样、跟……似的、同……一般、和……一般等。
		目的类	为……起见、为了……起见等。
		依据类	照……来说、依照……来讲、依……来看、按照……来说等。
		排除类	除……外、除……之外、除去……以外、除开……之外等。
		对象类	在……来说、就……而言、对于……来讲、拿……来看等。

从上表可知，方所类框式介词可以根据方所介词的语义特征进一步细化为六个小类，从而构成框式介词中数量最为庞大的一个类别。方所类框

式介词的前项一般由表达方所语义的介词充当，根据后项成分的不同可以表现出以下几种形式：

(56) a. 方所介词 + 介引对象 + 方位词
b. 方所介词 + 介引对象 + 准方位词
c. 方所介词 + 介引对象 + 以/而 + 方位词
d. 方所介词 + 介引对象 + 方位词并立/准方位词和方位词的并立形式
e. 方所介词 + 介引对象 + 准方位词 + 以/之 + 方位词

比如“在……上”“在……角”“在……之上”“从……以南”“向……沿上”“在……左右”“在……角之上”等都属于方所类框式介词。

(57) 苍翠秀丽的小岛屹立在万顷碧波之上，自从它在熔岩与烈火的洗礼中诞生，只短短两个月，岛上已然花草芳菲、绿树交柯。(《深潜器继续下潜》黄胜利)

(58) 英格惊呆了，这一切都来得如此突然，她简直手足无措，躲在墙角发愣。(《蓝宝石》许文焕)

由于汉语方所介词的数量较多，而且方位词和准方位词的数量也相对较多，方所介词和方位词及准方位词的搭配较为灵活，从而形成了数量庞大的方所框式介词类型。相较于方所类框式介词，时间类框式介词的数量较少，可以进一步分为时段类、起始类和终点类三个小类。时段类框式介词指明一个具体的时间范围，比如：

(59) 在“退休”之前，他想找到最好的年轻杀手决斗一次，然后退出这一行。(《决斗废车场》黎苏)

(60) 当时晋国老百姓在清明前后，家家门上挂柳枝，人们带上食品到介之推墓前野祭、扫墓，以示怀念。(《中国的民间节日》范玉梅)

起始类框式介词表示时间的起始，比较常见的有“自……起”“从……起”“自从……起”“打……起”“打从……起”“自……始”等。比如：

（61）随着前苏联政局的变动，自1990年起，已有近35万苏联犹太人移居以色列。（《复杂多样的居民身份》达洲）

（62）自1919年始，日军常备部队逐步实施化学战攻防演习，试验自制的化学兵器，练习使用方法，使其官兵认识毒气之性能及威力，至1926年正式将化学部队列入编制，空军方面也储有一定量的毒气弹药。（《罪恶的毒气战》张其耀）

终点类框式介词指明时间的终点，常见的有“到……止”“到……为止”“至……止”“至……为止”等。比如：

（63）由于墨西哥和世界一些国家的抢险救灾人员的共同努力，到目前为止已有一千多名幸存者被抢救出来。（《解放日报》，1985-9-27）

（64）第25届奥运会的262.6万张门票至今天为止全部售完。（《中国青年报》，1992-7-20）

非时空类框式介词可以分为比况类、目的类、依据类、排除类、对象类五个小类。比况类框式介词的前置词一般是“同”“如”“与”“跟”“和”等，后项一般为“一样”“一般”“似的”“般”等。比如：

（65）恨不一口气说长就长，也跟大人一样去斗争地主老财。（《我爱松花江》安危）

（66）那时候，他那独生女儿金玉雪还小，三九天，屋跟冰窖似的。（《金不焕》顾笑颜）

目的类框式介词的前项一般是“为”和“为了”，常见形式为“为……起见”和“为了……起见”，比如：

（67）为了礼节起见，他在床头上留了一封给洪那比亚、沙拉木汗、“阿衣吾”以及挤奶站全体人员的信。（《盲流》鲍昌）

（68）虽然为方便起见，有时可吃荤边的菜。（《荤哥哥与素弟弟的争论》高士其）

依据类框式介词的前项一般是“按”“按照”“依照”“依”“照”等介词，后项一般是“来说”“说来”“来讲”“说”“讲”“而言”“来看”等，比如：

（69）按照普通的情形来说，君媛这时是有了爱人的，爱足以安慰一切，赔补一切，她也会这样考虑过，然而这更使她寒心。（《浮沉》王余杞）

（70）按相声界的辈分来讲，他比我高，论年纪他大约只比我大四岁。（《侯宝林自传》侯宝林）

排除类框式介词的前项为“除”“除了”“除去”“除开”等，后项一般为“外”“之外”“而外”“以外”等，比如：

（71）除雨伞外，含酒精的饮料、小旗杆等都被列为禁止携带之列。（《天津日报》，1990－6－19）

（72）除了五十多封来信以外，编辑部还接到了好几个电话，不赞成阿凡提检讨。（《北京晚报》，1980－6－13）

对象类框式介词的前项一般为“对”“对于”“在”“就”“拿”等，后项一般为“来说”“说来”“来讲”“来看”“而言”“而论”等，比如：

（73）对于不同的坐标来说，其最优点的情况都会有所不同，不能一律看待。（《论矛盾转化》荣开明）

（74）因此，就美的本质而论，浪漫主义既不把物质的自然放在眼里，也不把理性的规则置于至尊。（《浪漫主义音乐美学探略》蒋一民）

3.4 本章小结

本章旨在对汉语框式介词进行界定和分类。3.1 节回顾了刘丹青（2003）、陈昌来（2014）、张云峰（2014）和王世群（2016）的分类方式，简要梳理了各种分类框架的特点以及各种分类方式之间的差异，并指出框式介词在不同的分类框架下具有不同的内涵和外延。3.2 节区分了介词框架、双位介词、介词连用、框式虚词和虚词框架等与框式介词有关的几个易混概念，明确了这些结构的内涵、外延以及与框式介词之间的差异与关联。3.3 节首先对汉语框式介词做出了界定，强调了其介词性特征，明确了其在结构上的封闭性与自足性，并对其后项的语法特征进行了限定。接着，本节对框式介词的前项和后项进行了界定分类，指出框式介词的前项一般由表达方所、时间、比况、目的、排除、依据和对象等语义的介词充当，而后项一般由具有介词性和粘附性特征的成分充当。在此基础上，本节将汉语框式介词分为方所类、时间类和非时空类三个大类，其中方所类框式介词细化为处所类、方向类、来源类、终到类、沿途类和经由类六个小类，时间类框式介词进一步划分为时段类、起始类和终点类三个小类，而非时空类框式介词细化为比况类、目的类、依据类、排除类和对象类五个小类。

第 4 章

方所类框式介词研究

本章旨在为汉语方所类框式介词的内部结构提供精细的描写与刻画，揭示其动态的推导机制，并为其结构中前后项的隐现机制提供解释。在此基础上，本章试图全面描写方所类框式介词的句法分布并为其生成动因提供解释。

4.1 方所类框式介词的结构形式及推导机制

4.1.1 方所介词的语义类型及普遍性层级序列

学界大多根据语义将介词进行分类，不同学者所采用的分类范式大同小异。温州大学人文学院教授马贝加（2002）根据语义类型将汉语方所介词分为“始发”“所在”“终到”“临近”“方向”“经由”和沿途七类，而史冬青（2008，2009）将汉语介词分为“动作的所从”“动作的所在”“动作的所到”“方向”和“沿途”等五个小类。同一个介词可以表达多种方所语义，比如在马贝加（2002）的分类模型中，“处所”“始发”“终到”“经由”等语义类型均可以由介词“在”表达：

(1) a. 有时儿子抽不出空，我只能待在家里忍着。(处所)(《中国青年报》，1989－1－4)

b. 因为我在家中来，中途不见了，庵主必到我家里要人。（始

发）（《拍案惊奇卷》，转引自马贝加，2002）

c. 章宝坤腾地跳在地板上，嗔道："她当宰相，我当什么？"（终到）（《奇人行踪》石英）

d. 幸得宿太尉营解，从轻发落，刺配沙门岛，在登云山经过，被他们劫了上去。（经由）（《水浒传后传》，转引自马贝加，2002）

法语中也存在类似的现象：

（2）J' ai couru à la mer

I. have run at/to the sea

a. 'I ran at the sea.'

b. 'I ran to the sea' （Baunaz and Lander，2018：21）

在（2）中，法语介词"à"既可以表达"处所"语义，也可以表达"方向"语义，体现出方所语义上的类并。

西方语法学家同样根据语义对介词方所介词进行分类，比较具有代表性的有 Jackendoff（1983）、Kracht（2002）和 Pantcheva（2011）的分类。Jackendoff 将方所介词分为"方位类（Place）"和"路径类（Path）"两个大类，前者表达静态的处所语义，后者分为动态的"有界性（bounded）""路径（route）"和"方向（direction）"三个小类。Kracht（2002）的分类带有认知倾向，其"空间模型（spatial mode）"中的介词被分为"共始型（coinitial）""共终型（cofinal）""临近型（approximative）""后退型（recessive）""过渡型（transitory）"和"静止型（static）"六个小类。Pantcheva 的研究带有强烈的语言类型学视角，将 Path 型方所介词进一步划分为"共始型""外出型（egressive）""后退型""共终型""终结型（terminative）""临近型""迁移型（transitive）"和"延续型（prolative）"八个小类。因此，西方学者倾向于首先将方所介词划分为静态的方位类介词和动态的路径类介词，然后在此基础上进行不同程度的细分。汉语的介词类型也体现出方所语义的静态性和动态性特征，比如在马贝加（2002）的分类模型中，表达“所在”和“临近”语义的方所介词体现出静态性的方所语义，而表达“来源”“终到”“方向”“沿途”和“经由”语义的方所介词则体现出动态性的方所语义。我们可以根据方所语义类型，将马贝加（2002）的分类模型重构如下：

（3）

表4-1　马贝加方所介词分类表

汉语方所介词	方位类（PLACE）	处所（location）	在、于、乎等。
		临近（vicinity）	临等。
	路径类（PATH）	来源（source）	从、自、自从、打从、由、从自、在等。
		终到（goal）	到、至、及、就、在等。
		方向（direction）	朝、向、对、往等。
		沿途（route）	沿、顺、循、缘、遵等、
		经由（passage）	经、经由、由、从、打、自、在等。

如上表所示，汉语的方所介词也可以分为方位类和路径类两个大类，前者包含“处所”和“临近”两个小类，后者包含“来源”“终到”“方向”“沿途”和“经由”五个小类。表达静态“处所”语义的介词主要是介词“在”和“于”，在古汉语中还有“乎”“即”“就”“著”等。表达“临近”语义的介词主要是“临”，其主要出现在古汉语和笔记小说中，一般位于动词V_1的位置，在现代汉语中表现出较强的动词性。比如：

（4）汤汤回回，临水远望。（宋书）

在“路径类”的方所介词类型中，除了常见的“来源”“终到”和“方向”等类型之外，“沿途类”和“经由类”方所介词类型也需要进行区分。前者以“沿”“顺”“缘”等介词为代表，后者以“经”“经由”“从”等介词为代表，二者在对方位词的要求方面存在差异：

(5) a. 沿着马路走。

b. 沿着马路上走。

(6) a. 从大门前经过

b. *从大门经过

由(5)—(6)可知,“沿途”类方所介词在语义上不具有强制性,其不要求方位词出现,而“经由”类方所介词在语义上有强制性,要求其后的成分具有方所特征,当介引对象为普通名词时,其要求方位词或准方位词出现,因此(5)b不合语法。关于汉语方所介词的语义强制性问题,我们将在下文中展开讨论。

不同类型的方所介词携带不同类型的方所特征。我们假设方所特征可以分为[+loc](“处所”特征)、[+vic](“临近”特征)、[+sou](“来源”特征)、[+goal](“终到”特征)、[+dir](“方向”特征)、[+rou](“沿途”特征)和[+pass](“经由”特征)七类,每种类型的方所特征与特定的方所介词类型相对应。比如方所特征[+loc]对应表达静态处所语义的介词“在”“于”等,而[+pass]特征则对应表达“经由”语义的介词“由”“从”等。而下例中的“在”同时含有[+loc]和[+goal]特征,因此可以同时表达“方向”和“处所”语义:

(7) 他把书放在书架上。

在结构方面,西方学者将方所语义特征视为句法投射,将表达“路径”语义的方所特征分析为PathP,将表达“方位”语义的方所特征视为PlaceP,前者在结构上直接支配后者:

(8)

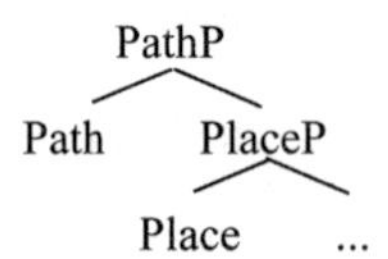

图4-1 方所特征结构图

持这种观点的学者有 Jackendoff（1983）、Svenonius（2006，2010，2012）、van Riemsdijk and Huybregts（2002）、Pantcheva（2011）等。在 Svenonius（2006，2010，2012）的分析框架下，英语方所介词结构“from behind the hill”可以表示如下：

（9）

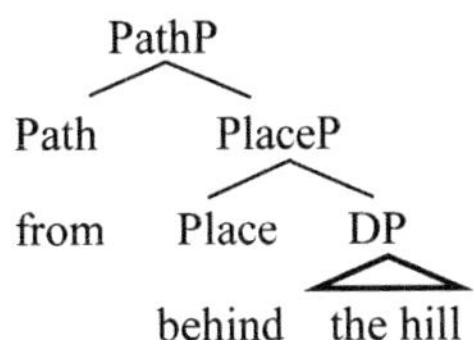

图4－2　“from behind the hill”结构图

如上图所示，表达“来源”语义的介词“from”在结构上直接支配表达静态“处所”语义的“behind”。此外，Pantcheva（2011）通过广泛的跨语言对比，将 Path 分解为具有语言普遍性的方所特征序列：Route－Source－Goal－Place。其中“Route”同时包含“经由”和“沿途”两个语义，Pantcheva 未对二者进行区分。此外，Place 也未进行分裂。由于汉语中存在五种“路径”类方所语义和两种“方位”类方所语义，我们假设汉语的方所特征序列符合自然语言普遍性的层级模式。我们将“Route”和“Place”进行了进一步的分裂，并假设汉语“路径”类方所特征的层级性序列为［＋dir］－［＋rou］－［＋pass］－［＋sou］－［＋goal］，而将“方位”类方所特征序列分析为［＋vic］－［＋loc］。前者主要依据方所特征普遍序列及其具有的语义强制性，特征［＋dir］和［＋rou］语义强制性弱，而特征［＋pass］、［＋sou］和［＋goal］的语义强制性强（我们在4.2.1节详细讨论方所介词的语义强制性）。关于特征［＋vic］和［＋loc］的顺序，我们主要依据下列例句：

(10) 临在他们头上的生活，正张开了大的翅膀向他们狞笑！(《架上的八个》马国亮)

(11) 窗子在墙壁中央，天窗似的，我从窗口伸了出去，赤裸裸，那完全和日光接近，市街临在我的脚下。(《饿》萧红)

在(10)—(11)中，“临”位于“在”之前，因此我们将 Place 类方所特征的序列定义为[+vic] - [+loc]。汉语方所特征的层级性序列可以表示如下：

(12)

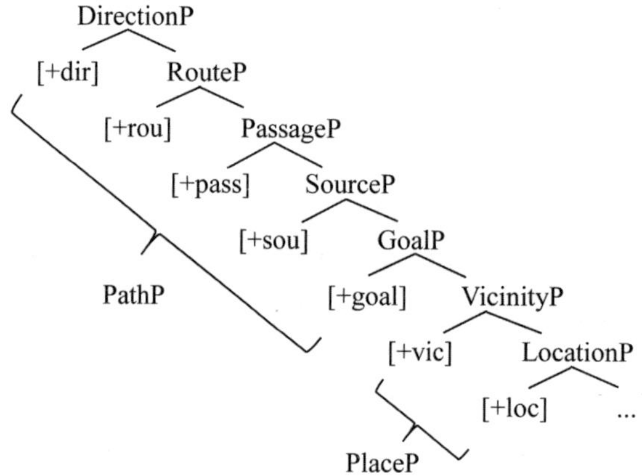

图4-3 汉语方所特征层级性序列图

如上图所示，汉语方所介词在结构上呈现为 PathP - PlaceP 的普遍性层级序列，前者分裂为 DirectionP、RouteP、PassageP、SourceP 和 GoalP 五种投射，分别携带[+dir]、[+rou]、[+pass]、[+sou]和[+goal]等方所特征；后者分裂为 VicinityP 和 LocationP 两种投射，分别携带方所特征[+vic]和[+loc]。

4.1.2 方位词及准方位词的句法地位及结构位置

根据日本松山大学文学部教授方经民(2004)的分类标准，汉语单音节方位词罗列如下：

(13) 上、下、左、右、前、后、里、外、中、内、间、旁、边、东、南、西、北

准方位词是指一类表示身体部位和物体部分的单音节词（储泽祥2003），也具有指示方位的作用，比如：

(14) 首、尾、头、脚、腰、根、跟、脊、背、心、口、梢、尖、顶、端、边、沿、面、底、角、隅、麓等。

先看方位词。关于汉语单音节方位词的语法地位，学界众说纷纭。李亚非（2009），贝罗贝、曹茜蕾（2014）和储泽祥（2006）将方位词视为名词的次类；Cartier（1972）、Jia Bu Ji Nuo（1957，1958）将其视为名词性后缀；Hagège（1975）、Tai（1973）、Ernest（1988）和 Beyraube（1980）将其视为后置词；刘丹青（2002，2003）将其视为框式介词结构中的后项成分；李亚非（2009）将其视为名词性中心语；Huang（2009）、Feng（2019）将其视为中心语投射；Liu（1988）则将其视为附着性语素（clitic）。此外，方位词还被分析为形容词（马建忠，1989）、副词（吕叔湘，1947；黎锦熙、刘世儒，1955）、代词（Pygaloff，1973）和自给自足的词类（朱德熙，1982；李崇兴，1992；储泽祥，1997，2006）等，分析方案的不同源于不同学者的理论背景和研究手段。

我们认为，汉语单音节方位词既有别于普通的名词性成分，也不同于典型的附缀类成分。首先，方位词并不能像普通名词一样受到形容词的修饰或被量化，也不能和结构助词“的”连用：

(15) a. *高高的上 *低低的下 *黑暗的里 *明亮的外 *遥远的东
b. *一个上 *两个下 *三条里 *三寸外 *一里东
c. *桌子的上 *床的下 *大门的外 *屋子的里 *城市的东

因此，不能将方位词分析为名词的子类。而将方位词分析为附缀

（Liu，1988）也会产生一些问题。附缀性成分的典型特征是，在语法上不能独立使用，在语音上不能重读。尽管大多数方位词不能单独使用，现代汉语中还是存在方位词非成对出现的用例：

（16）此外，居住环境恶劣，长期在外流浪，也很容易做出铤而走险的事。(《香港青少年犯罪问题》龙武)

（17）这就是说，作为必然趋势的规律具有普遍性形式，在普遍性形式里边就包含有必 然的秩序在内。(《论矛盾转化》荣开明、赖传祥)

（18）我们相信，教育界的有心人会从中得到有益的启示，作出相应的努力，使中学教育得到进一步提高。(《中国青年报》，1981－10－17)

在（16）—（18）中，“在外”“在内”和“从中”都是方位词和介词单用的情况，说明方位词内部的语法化程度并不一致，不能将其统一分析为附缀成分，尽管方位词体现出一定程度的黏附性特征。此外，方位词带重音的情况也不少见，比如：

（19）请把这本书放在桌子上，不要放在桌子下。

（20）这个村子位于黄河以北。

在（19）中，由于涉及方所位置的强调，方位词“上”和“下”均需要重读。而在（20）中，很难将方位词“北”分析为轻音成分。因此，不宜将汉语单音节方位词统一分析为附缀成分。就汉语方位词的语法表现来讲，其与英语中复合性方位成分表达中诸如“in front of”“on top of”的中的“front”“top”类似：该类成分也不能被形容词修饰，也不具备复数形式：

（21）a. ＊in fronts of　　＊on tops of

　　b. ＊in high front of　　＊on high top of

此外，上述结构中的“front”和“top”虽然可以被定冠词“the”限定，但意义稍有差别，“in front of”在语义上并不等同于“in the front of”，而“on top of”与“on the top of”的语义也不完全一样。因此，“in front of”和“on top of”中的“front”和“top”显然有别与普通英语名词。有鉴于此，Svenonius（2010）等学者将英语中的“front”和“top”等分析为“轴向部分（Axial Part，AxPart）”，其本质为一种功能性语类，旨在表明物体之间相对的空间关系，比如英语中的“top”“bottom”“front”“back”“side”和汉语中的“前”“后”“左”“右”等。英语中诸如“in front of the building”被分析为如下结构模式（Svenonius，2010：131）：

（22）

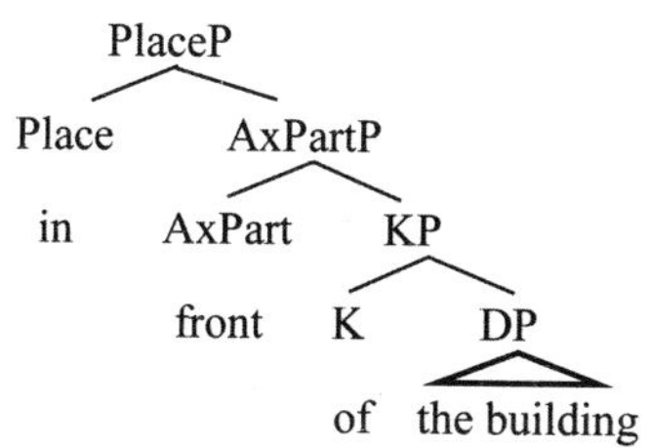

图4－4　“in front of the building”结构图

如上图所示，介词“in”位于中心语Place的位置，“front”则被分析为“轴向部分”，拥有自身独立的投射AxPartP。介词“of”被分析为格标记成分，为其后的DP指派结构格。由于汉语方位词和英语复合介词结构中的“front”“top”等之间存在较多的相似之处，本书将汉语单音节方位词统一分析为“轴向”部分，在结构中也拥有自身独立的投射。汉语中“在桌子之上”“在黄河以南”等介词结构可以分析如下：

(23)

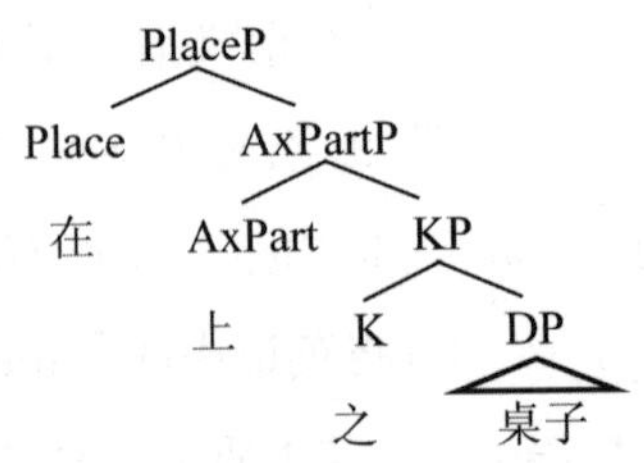

图4－5 “在桌子之上”结构图

在上图中，方位词“上”位于中心语 AxPart 的位置，而结构助词“之”和“以”位于K之下，DP“桌子”被K直接支配。线性语序“在桌子之上”由句法运算推导生成（见4.1.3节）。

下面看准方位词的情况。上文指出，这类单音节词汇一般来自身体部位和物体的组成部分。从语法表现上看，这类词汇和方位词之间存在诸多的相似之处：首先，二者都是单音节性的，并表现出强烈的黏附性：

(24) a. 在桌角 在树梢 在墙根 在山腰 在房顶

b. ＊在角 ＊在梢 ＊在根 ？在腰 ？在顶

第二，这类词汇在表达方所语义的同时，指明了相对位置关系。比如“桌角”和“桌子中间”构成相对位置关系；“树梢”和“树干”“树根”构成相对位置关系；“山腰”与“山顶”和“山脚”构成相对位置关系等。

第三，该类词汇同样不能被量化，并且大部分不能被形容词修饰：

(25) a. ＊一个角 ＊两个梢 ＊一个根 ＊一个腰 ＊一个顶

b. ＊在桌尖角 ＊在树高梢 ＊在墙低根 ＊在山高腰 ＊在房大顶

第四，和方位词一样，准方位词不能和结构助词“的”连用，比如以下表达均不合语法：

(26) ＊在桌子的角 ＊在树的梢 ＊在墙的根 ＊在山的腰 ＊在房的顶

有鉴于此，我们可以把汉语单音节准方位词也分析为“轴向部分”，用来指明空间中相对的位置关系。但方位词和准方位之间存在着明显的差异：在语法表现方面，方位词和作为背景的名词之间可以加“之”和“以”，而准方位词和背景名词之间一般不能加入任何成分：

（27）a. 桌子之上　树林之中　路灯之下　黄河以南　长城以北

b. *桌子之角　*大树之梢　*院墙之根　*大山之腰　*房屋之顶

在语义表达方面，方位词指明了背景名词和外部物体的空间位置关系，而准方位词指明了背景名词内部的位置关系。比如“桌子上”并不属于桌子的一部分，“屋子里”也不属于屋子本身。而“桌子角”和“山腰”属于桌子和山的一部分。此外，在方位词和准方位词共现的情况下，准方位词紧挨背景名词，而方位词紧挨准方位词，表现出二者与背景名词的相对位置关系：

（28）a. 桌子角上　宝塔顶上　小河底下　树梢间　山脚下

b. *桌子上角　*宝塔上顶　*小河下底　*树间梢　*山下脚

有鉴于此，我们将方位词分析为“外轴向部分（$AxPart_{EX}$）”，用来指明背景名词外部与背景名词之间的位置关系，把准方位词分析为“内轴向部分（$AxPart_{IN}$）”用来指明位于背景名词内部的相对位置关系。因此，“在桌角”和“在桌角上”可以分别表示如下：

（29）a.　　　　　　　　　b.

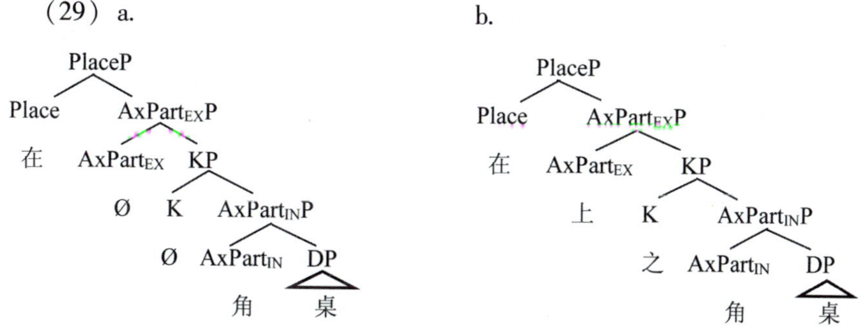

图4-6　“在桌角”和“在桌角上”结构图

如上图所示，我们将汉语方所介词结构分析为“介词 + $AxPart_{EX}$ + KP + $AxPart_{IN}$ + DP”的形式，（29）a 和（29）b 的差别在于方位词和结构助词成分是否显现。可以看出，（29）a 和（29）b 并不符合正常的线性序列表达，我们将在下一节探索其生成过程及动因。

4.1.3 方所类框式介词的内部结构及句法推导

我们在 3.3.2 节中讨论了方所类框式介词的表现形式，重复如下：

(30) a. 方所介词 + 介引对象 + 方位词

b. 方所介词 + 介引对象 + 准方位词

c. 方所介词 + 介引对象 + 以/而 + 方位词

d. 方所介词 + 介引对象 + 方位词并立/准方位词和方位词的并立形式

e. 方所介词 + 介引对象 + 准方位词 + 以/之 + 方位词

上一节将结构助词“之/以”分析为位于 KP 之下的成分，并未对 KP 的本质进行说明。斯文纽斯（Svenonius，2006）通过多种语料，证明了方位词和背景名词之间具有领属的语义关系：

(31) a. ta s – ba mexa 泽尔塔尔语（Tzeltal）

at POSS – top table

‘on top of the table’ （Levinson，1994：801）

b. ŋa – ŋah – kə 康巴语（Kham）

1 POSSR – front – at

‘in front of me’ （Watters，2002）

c. pöydä – n ylä – puole – l – la 芬兰语

table – GEN upper – side – ON – LOC

‘ (at) above the table’ （Svenonius，2006：57）

在上例中，“top” 和 “front” 相当于方位词，“POSS” 和 “GEN” 为属格标记，表明了方位词与背景名词之间的领属关系。因此，我们把 KP 分析为属格投射，将其重新标记为 Gen（itive）P。如此一来，汉语方所类框式介词的结构形式可以表示如下，其中（32）a 为表层线性序列，（32）b 为层级性结构表征：

（32）a. PathP – PlaceP – $AxPart_{EX}P$ – GenP – $AxPart_{IN}P$ – DP

b.

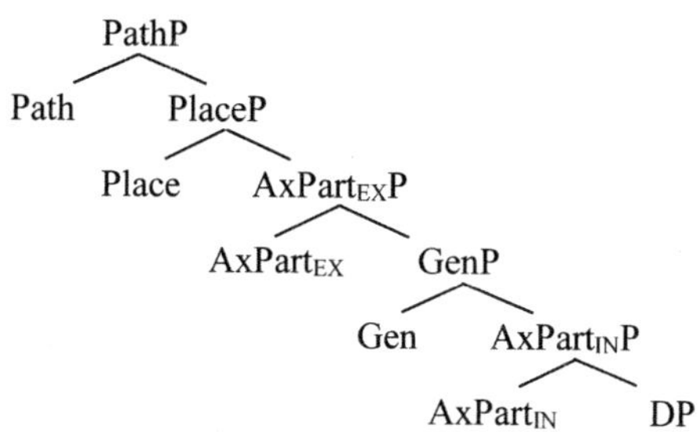

图 4 –7　汉语方所类框式介词结构图

下面我们以“在山腰”和“从桌子之上”为例，探索方所类框式介词的生成机制。先看“在山腰”，该框式介词由表达静态处所语义的介词“在”、介引对象“山”和准方位词“腰”构成。根据纳米句法的运算精神，前置成分（介词）与其后的成分分别在不同的工作空间生成。我们假设介词“在”在工作空间 1 中生成，“山腰”在工作空间 2 中生成，在句法运算的后期二者再进行合并：

（33）a.　　　　　　　　　b.

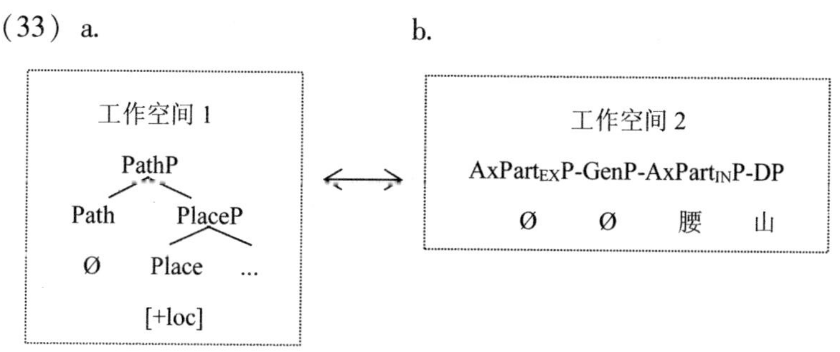

图 4 –8　“在山腰”生成示意图

在工作空间 1 中，前置词按照具有语言普遍性的层级性结构模式（例(12)）进行构建，按照“短语拼读”的方式，运算系统将方所特征［+loc］拼读为介词“在”。在工作空间 2 中，“$AxPart_{IN}$”“腰”和 DP“山”首先合并，形成“腰山”，然后运算系统在词库中进行核查，由于词库中并不存在“腰山”这样的词汇项目，DP“山”进行提升移位，形成“山腰”这一结构，具体情况如下图所示：

(34) a. b.

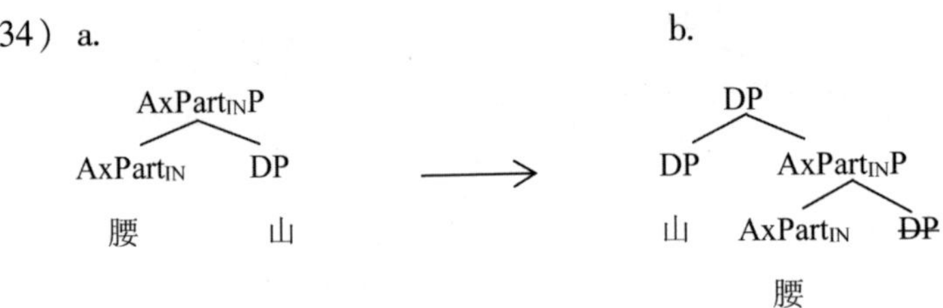

图 4-9 “山腰”生成示意图

在“山腰”这一结构形成后，运算系统再次向词库中进行核查，确定词库中包含“山腰”这一词项。这时，在工作空间 1 中生成的介词“在”与“山腰”进行合并，生成“在山腰”这一“介词 + 介引对象 + 准方位词”形式的框式介词。

“从桌子之上”的结构略显复杂：其包含表达“来源”语义的介词“从”、介引对象“桌子”、结构助词“的”和方位词“上”。在句法运算的过程中，介词“从”和“桌子之上”在独立的工作空间中进行推导生成。具体情况表示如下：

(35) a. b.

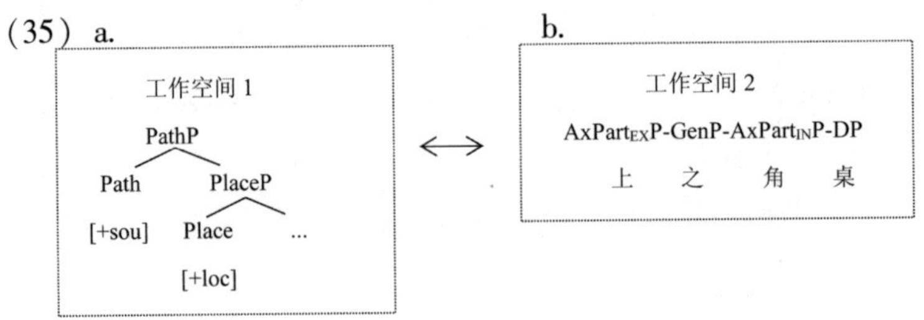

图 4-10 “从桌子之上”生成示意图

从方所特征来看，“从”同时包含［+sou］和［+loc］特征，因此在语义上具有强制性（见下节）。在工作空间 1 中，Path 投射携带［+sou］特征，Place 投射携带［+loc］特征，运算系统将二者统一拼出为表达“来源”语义的介词“从”。在工作空间 2 中，“内轴向成分”“角”首先和 DP“桌”合并，生成“角桌”这一结构。运算系统在词库中核查是否存在“角桌”这一词项。由于词库中不存在“角桌”这一词项，“角”进行提升移位，形成“桌角”，这一过程如下图所示：

（36） a.　　　　　　　　　　　　b.

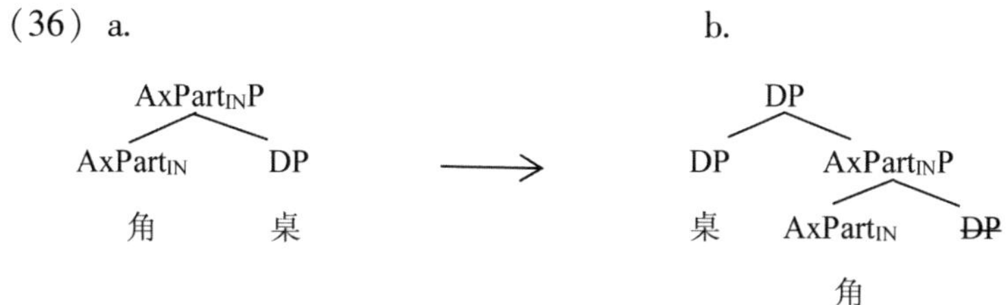

图 4－11　“桌角”生成示意图

接着，GenP 与该结构合并，形成“之桌角”这样的结构，由于词库中不存在这一词项，DP“桌”首先进行循环移位，形成“桌之角”的结构，具体过程如下图所示：

（37） a.　　　　　　　　　　　　b.

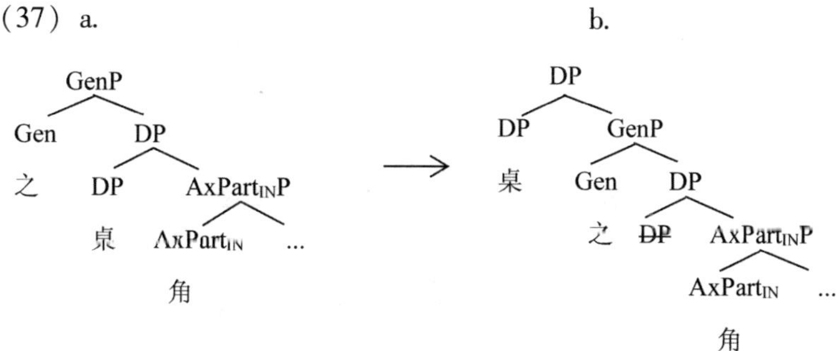

图 4－12　“桌之角”生成示意图

由于词库中并不存在“桌之角”这样的结构，“桌”的循环移位被取消，结构“桌角”（DP - $AxPart_{IN}$P）进行整体移位，形成“桌角之”这样的结构：

（38）

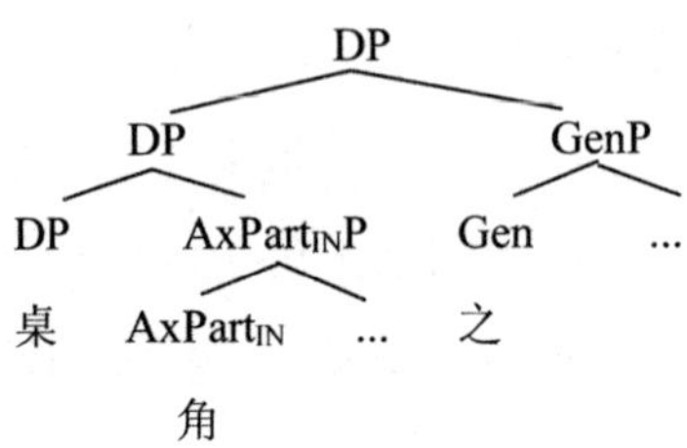

图4－13 “桌角之”生成示意图

随后，“外轴向部分”“上”与结构“桌角之”合并，形成“上桌角之”这样的结构，并在词库中进行核查。由于词库中不存在“上桌角之”这样的结构，“DP - $AxPart_{IN}$P”结构“桌角”进行循环移位，生成“桌角上之”这样的结构：

（39）a. b.

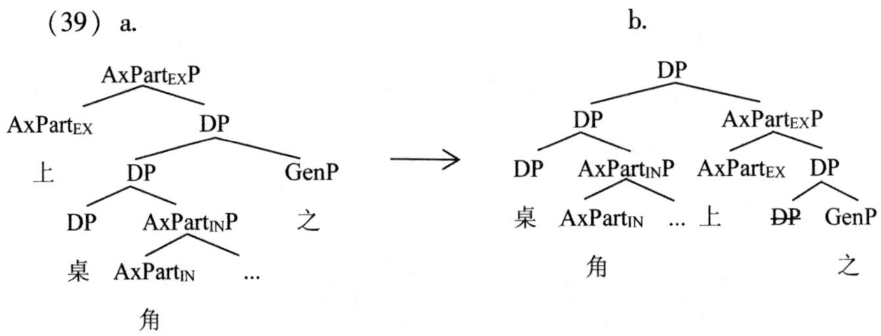

图4－14 “桌角上之”生成示意图

由于词库中不存在“桌角上之”这一结构，（39）中“DP - $AxPart_{IN}$P”的循环移位操作被取消，“DP - $AxPart_{IN}$P - GenP”“桌角之”这一结构进行整体移位，左向合并与 $AxPart_{EX}$P，从而形成“桌角之上”这一结构：

（40）

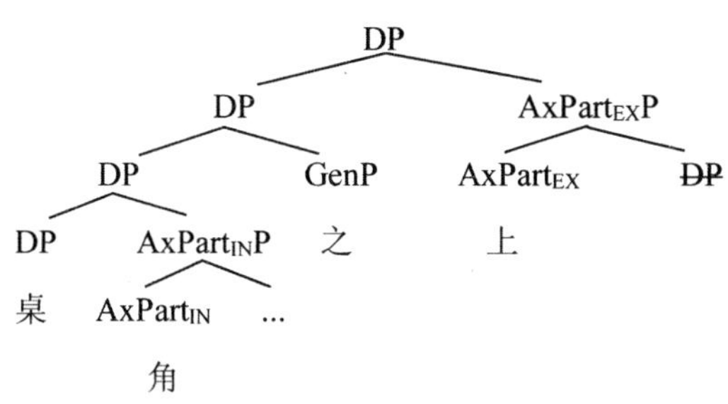

图4-15　“桌角之上”生成示意图

由于词库中存在“桌角之上”这样的词汇项目，运算系统将这一结构拼出，并将这一结构与在工作空间1中生成的介词“从”合并，形成框式介词结构“从桌角之上”。可以看出，合并、移位、循环移位、整体移位和短语拼出是生成方所类框式介词结构的主要操作手段，而句法推导的内在动因在于使运算系统能够拼出合法的词汇项目。

4.2　方所类框式介词前后项隐现机制研究

4.2.1　方所介词的语义强制性与方所成分类型

方所介词的语义强制性表现在其对位于其后的名词性成分的语义要求上。众所周知，不同类型的方所介词与名词性成分的搭配情况不同。比如：

（41）a. 在桌子上

b. ＊在桌子

（42）a. 朝桌子上

b. 朝桌子

由上面两例可以看出，表达“处所”语义的“在”要求方位词显现，而表达“方向”语义的“朝”允许其后的方位词自由隐现。也就是说，介词“在”具有语义上的强制性，其要求与之搭配的名词性成分具有方所语义特征，而不能是普通的事物名词，请看下例：

(43) a. ＊在墙壁 ＊在书架 ＊在椅子 ＊在黑板

b. 在学校（内）在医院（里）在公园（外）在教室（里）

c. 在文化路（上）在莲花街（上）在科学大道（北）在西四环（外）

d. 在墙壁上 在书架上 在椅子上 在黑板上

e. 在桌角 在山顶 在湖心 在河沿 在床边

f. 在桌子上面 在椅子下面 在屋子里面 在房子外面

g. 在黄河以北 在长城以南 在桌子之下 在黄灯之下

h. 在河南（＊中）在北京（＊里）在英国（＊外）在新郑（＊内）

i. 在北门 在第一页

j. 在＊（他所站立的）位置 在＊（他所指的）地方

在（43）中，a 项中的名词为普通名词，表达均不合语法。b 项为处所名词，c 项为街道名称，二者含有内在的处所语义，因此表达合法。这类名词还可以与方位词共现。d 项和 e 项中的名词添加了方位词和准方位词，使普通事物名词携带了处所语义，因此表达也合乎语法。f 项中的名词性成分中含有双音节性的“上面”“里面”等成分，这些成分本身具有处所语义，而 g 项中的名词性成分中含有“以北”“之上”等成分，同样使得其中的名词性成分含有处所语义。因此 g 项和 f 项中的表达均合乎语法。需要注意的是，h 项中的名词为纯地理名称，这些名词含有内在的处所特征，但不能和方位词共现，比如不能说“＊在北京里”，但可以说成“在北京市里”，i 项说明表达方所、序列等语义的前缀能够赋予普通名词方所特征，j 项则说明“位置”“地方”等表达方所语义的抽象名词必须受到修饰进而在概念上具体化之后，才能充当方所成分。

（43）中的 a 项至 j 项说明了方所成分的可能类型：事物名词，处所词、街道名称、“事物名词 + 方位词/准方位词”“事物名词 + 之/以 + 方位词”“纯地理名词”、含有方所/序列性前缀的名词以及具体化的方所抽象名词均可以充当方为成分。a 项不合语法是因为“在”具有语义强制性，要求其后的名词性成分必须含有处所语义特征。也就是说，由于表达处所语义的介词“在”携带［+loc］特征，其在语义上表现出强制性，要求其后的名词性成分必须携带［+loc］特征。下面依次考察其他类型的方所介词的语义强制性特点。

与介词“在”同属于“方位类”方所介词的“临”大多出现在古文和笔记小说中，经常位于动词 V_1 的位置，其语义强制性较弱，请看以下例句（转引自马贝加 2003：66）：

（44）a. 行可五十里，见十余人临河饮酒。（史传・朱同）

　　b. 大笑，乃临涧濯足戏弄而去。（逸史・袁滋）

上例显示，出现在“临”之后的成分为普通事物名词。因此，表达“临近”语义的介词“临”携带方所特征［+vic］，语义强制性较弱。

表示“来源”语义的介词“从”“自”“自从”“打”等则表现出较强的语义强制性，比如：

（45）a. *从房子跳下来

　　b. 从房子上跳下来

　　c. 从房顶跳下来

　　d. 从房顶上跳下来

　　e. 从房子上面跳下来

　　f. 从学校出来

　　g. 从北京来

由上例可知，a 项中的普通事物名词“房子”不能充当“从”的介引对象。而 b－e 项中的名词成分添加了方位词、准方位词、准方位词和方位词并立成分而获得了［＋loc］特征，从而使得表达成立。f 项和 g 项中的名词为处所词和纯地理名词，含有内在的［＋loc］特征，能够使表达成立。因此，表达“来源”语义的介词同时携带［＋sou］和［＋loc］特征。

表达“终到”语义的“到”“至”“及”等介词的句法表现如下：

(46) a. ＊放到桌子

b. 放到桌子上

c. 放到桌角

d. 放到桌角上

e. 放到桌子上面

f. 来到学校

g. 来到北京

从上例中的各项可以看出，表达“终到”语义的介词和表达“来源”语义的介词具有相同的句法表现：二者均要求其后的名词性成分携带［＋loc］特征。也就是说，表达“终到”语义的方所介词在语义方面具有强制性，其携带方所特征［＋goal］和［＋loc］。

表达“方向”语义的介词“朝”“对”“向”等的语义强制性较弱，以“向”为例：

(47) a. 向大海走去

b. 向海边走去

上例说明，介词“向”后面的名词性成分可以是普通名词（a 项），也可以出现方位词（b 项）。因此，表达“方向”语义的介词携带方所特征［＋dir］，其语义强制性较弱。

表达“经由”语义的介词“经”“从”“经由”“由”等具有较强的语义强制性，以表达“经由”语义的“从”为例：

(48) a. *从大门经过

b. 从门前经过

c. 从前门经过

d. 从大门前面经过

上例显示，表达“经由”语义的介词“从”不能和普通事物名词搭配，而可以和“名词+方位词”“方位前缀+名词”以及“名词+方位词/准方位词并立成分”连用。也就是说，该类介词在语义方面具有强制性，其携带方所特征［+pass］和［+loc］。

表达沿途的“沿”“顺”“缘”等介词的句法表现如下：

(49) a. 沿着小河走

b. 沿着河边走

c. 沿着河沿走

d. 沿着河沿上走

由上例可知，普通事物名词以及名词与方位词、准方位词、准方位词/方位词的并立形式均可以和表达“沿途”语义的“沿”连用。因此，该类介词的语义强制性较弱，其携带［+rou］特征。

我们可以把方所介词的语义强制性和携带特征总结如下：

(50)

表4-2 方所介词语义特征及强制性表

介词类型	处所	临近	终到	来源	经由	沿途	方向
语义强制性	强	弱	强	强	强	弱	弱
携带特征	[+loc]	[+vic]	[+goal] [+loc]	[+sou] [+loc]	[+pass] [+loc]	[+rou]	[+dir]

4.2.2 方所类框式介词结构后项隐现规律及动因

我们在3.1.2节和4.1.3节中指出，方所类框式介词具有以下几种表现形式：

(51) a. 方所介词+介引对象+方位词

b. 方所介词+介引对象+准方位词

c. 方所介词+介引对象+以/而+方位词

d. 方所介词+介引对象+方位词并立/准方位词和方位词的并立形式

e. 方所介词+介引对象+准方位词+以/之+方位词

在上例各项中，后项成分均（比如方位词、准方位词等）含有［+loc］特征，其功能在于使介引对象具有方所语义特征，从而满足作为前项的方所介词的语义强制性要求。因此，方所类框式介词结构中后项的隐现形式取决于介引对象是否能够满足方所介词所携带的语义特征。先看表达“处所”语义的介词“在”。在语义方面，其携带［+loc］特征，即要求位于其后的成分含有“处所”语义（即含有［+loc］特征），以满足介词所携带的［+loc］特征。因此，在介引对象为携带［+loc］的名词性成分时，框式介词的后项可以省略，比如：

(52) a. 在学校（里）

b. 在文化路（上）

c. 在这个位置（上）

d. 在前门（外）

e. 在第一页（上）

f. 在河沿（上）

在上例中，处所词“学校”、街道名称“文化路”和具体化的“位置”含有内在的处所特征［+loc］，而“前门”“第一页”和“河沿”通过方位/序数前缀和准方位词获得了［+loc］特征，能够满足“在”的语义要求，这类结构中的方位词后项可以自由隐现。而普通名词不能与“在”直接搭配：

（53）a. ＊在桌子

b. 在桌子上

c. 在桌角

d. 在桌子之上

e. 在桌角上

从（53）可以看出，当介引对象为普通事物名词“桌子”时，框式介词的后项不能省略，整个结构可以表现为“在……上”“在……角”“在……之上”“在……角上”等形式。结构中形式各异的后项成分（方位词、准方位词等）的语法功能在于赋予介引对象［+loc］特征，以满足框式介词中前项（介词）的语义要求。需要指出的是，纯地理名词一般不允许方位词等后项成分出现：

（54）a. ＊在北京内

b. ＊在北京之外

表达“终到”“来源”“经由”语义的介词由于携带［+loc］特征，其后项的隐现机制与“在”相同，以表达“来源”语义的“从”为例：

（55）a. 从学校（里）

b. 从文化路（上）

c. 从这个位置（上）

d. 从前门（外）

e. 从第一页（上）

f. 从河沿（上）

(56) a. ＊从桌子

b. 从桌子上

c. 从桌角

d. 从桌子之上

e. 从桌角上

(57) ＊从北京内

(55)—(57)显示，“从”和“在”具有相同的句法表现。表达“来源”语义的介词如“从”等携带方所特征［+sou］和［+loc］，因此在语义方面具有强制性，要求其后的名词性成分含有［+loc］特征。表达“方向”“沿途”“临近”语义的方所介词由于不具有［+loc］特征，其在语义上不具有强制性，因此由这些介词所形成的框式介词结构中的后项成分可以自由隐现，以表达“方向”语义的“向”为例：

(58) a. 说着，就向椅子走去。(《王昭君出国》行人)

b. 他的脸子发了青：冲了几冲，冲到账房里，把屁股向椅子上一顿，就菩萨似地坐着没动了，只有他的胸膛在起伏。(《家常师爷》蒋牧良)

由上例可以看出，表达“方向”语义的介词“向”可以直接介引普通事物名词（a 项），也可以构成框式介词结构“向……上”（b 项）。这是因为介词“向”携带方所特征［+dir］，但并不携带［+loc］特征，因此不具备语义上的强制性，可以介引普通事物名词。框式介词结构中的后项成分一般可以省去。

我们可以把方所类框式介词结构中后项成分的隐现机制表示如下：

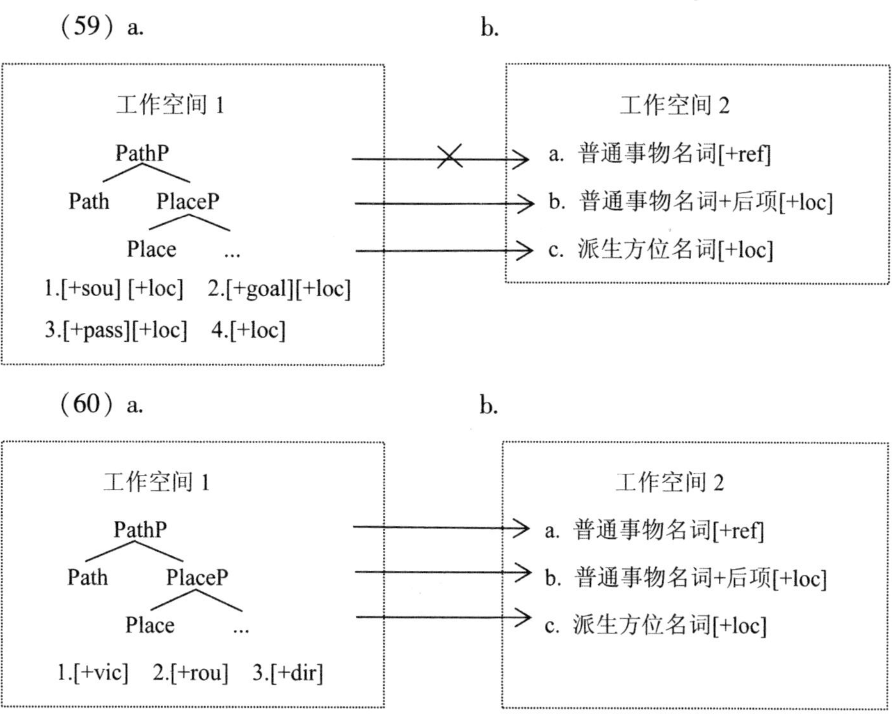

图 4－16　方所类框式介词后项成分隐现机制图

（59）所示的是由表达“来源”“终到”“经由”和“处所”语义的方所介词作为前项的框式介词结构中后项的隐现机制。由于这些类型的方所介词均携带［＋loc］特征，具有语义强制性，其要求介引对象含有［＋loc］特征。由于普通事物名词仅含有指称特征［＋ref］，无法满足前置词的语义强制性要求。在这种情况下，框式介词结构中的后项不能隐去。由于派生方位名词（比如“前门”“第一页”“上面”等）从方所/序列前缀和方位词/准方位词并立形式中获得了［＋loc］特征，从而满足了方所介词的语义强制性要求，框式介词结构中的后项可以隐去。

（60）所示的是由表达“临近”“沿途”和“方向”语义的方所介词作为前项的框式介词结构中后项的隐现机制。由于这些类型的方所介词不携带［＋loc］特征，其不具备语义强制性，不要求其后的成分携带［＋

loc］特征。因此，普通事物名词、普通事物名词+后项成分、派生方位名词均可以和这些类型的前置介词搭配。在这种情况下，框式介词结构中的后项一般可以自由隐现。

可以看出，［+loc］特征使方所介词具有语义方面的强制性，能够使介引的名词性成分满足方所介词的语义强制性要求是框式介词结构中后项成分隐现的形式动因。

4.2.3 方所类框式介词结构前项隐现规律及动因

关于介词结构中介词的隐现规律，学界已经做出了较为广泛的探索，也取得了一定的研究成果，比较具有代表性的有王萌（2006），陈芊芳（2002），郭格（2016），刘兵（2005），白晓静（2010），麦子茵（2007），冷淑梅（2011），邹霞（2014），张友学（2010），刘媛媛（2013），许舒宁（2015），刘禀诚（2017），朱赛萍（2014）等。本节在形式句法学的理论框架下对方所类框式介词结构中前项（介词）的隐现机制进行初步的探索。

方所类框式介词结构中介词的隐现受到句法位置的影响。我们把常见的句法位置分为动词后，动词前、主语、句首状语和定语等位置，并依次考察方所框式介词结构中介词的隐现情况。首先以“在……上”为例：

(61) a. 张三写了几个字在黑板上。

b. 张三把字写在黑板上。

c. *张三写了几个字黑板上。

d. 张三把字写黑板上。

(62) a. 张三在黑板上写了几个字。

b. *张三黑板上写了几个字。

(63) a. *在主席台上坐着主席团。

b. 主席台上坐着主席团。

（64）a. 在教室里，学生们正在热烈地讨论问题。

b. 教室里，学生们正在热烈地讨论问题。

（65）a. 在学校里的环境

b. 学校里的环境

c.（细菌）在小肠里的分布

d. *（细菌）小肠里的分布

（61）是框式介词“在……上”位于动词之后的句法表现，这里又分为两种情况，一种是位于动词之后作宾语补足语，一种是直接位于动词之后。可以看出，当作宾语补足语时，介词“在”不能隐去，而直接位于动词之后时，“在”字可隐可现。（62）显示，位于动词之前作状语的框式介词中的介词“在”不能隐去。（63）显示存现句中主语位置上不能出现介词“在”。（64）显示位于句首状语位置上的介词“在”可以隐去。（65）是框式介词定语位置上的表现。这里也分为两种情况：当修饰对象为名词时，框式介词结构中的前项“在”可以隐去；当修饰对象为名物化的动词（比如“分布”）时，框式介词结构中的介词“在”不能隐去。

我们可以提出以下假设：当整个框式介词结构凸显介词特征的时候，其结构中的介词不能隐去，而当整个框式介词结构凸显名词性特征的时候，其结构中的介词可以隐去。比如在（61）中，a 项中的框式介词位于补语位置，其介词性较强，因此其结构中的“在”不能隐去。在英语中存在类似的情况：

（66）John wrote some characters onto the blackboard.

在上例中，作补语的成分为介词短语“onto the blackboard”。（61）a 的结构如下图所示：

(67)

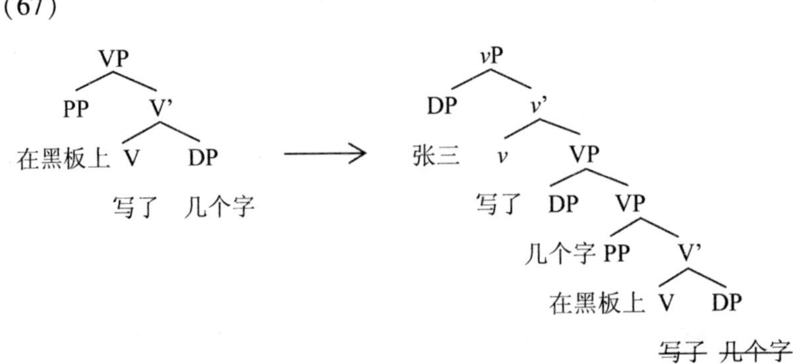

图4-17 "张三写了几个字在黑板上"生成示意图

(62) a 中的框式介词"在黑板上"基础生成(base generate)于动词短语 VP 的标识语位置(Radford, 2006: 233),经过动词"写了"和 DP"几个字"提升形成了表层语序。也就是说,(61) a 中的处所补语在本质上是介词性成分,因此结构中的"在"不能隐去。而(61) b 中的介词"在"和动词"写"受到韵律的影响而发生了"融合(incorporation)"现象,介词并入到动词短语中:

(68) 张三把字写在了黑板上。

在(68)中,框式介词结构中的"黑板上"更像是复合动词"写在"的宾语,其名词性特征较强,因此框式介词"在黑板上"中的"在"可以隐去。在(62)中,框式介词"在黑板上"作状语修饰动词,动词之前需要介词性成分对其进行限定,因此该位置上的介词"在"不能隐去。(63)位于存现句主语的成分具有较强的名词性特征,因此"在"字一般不能出现。在(64)中,a 项中的"在教室里"位于句首状语位置,需要介词性较强的成分充当,因此"在"字显现,而 b 项中的"教室里"可以视为整个句子的话题成分,具有较强的名词性特征,因此"在"字隐去。(65)中的差异来源于名词性中心语的特征：当中心语名词为名物化的动词性成分时，框式介词中的介词保留。这是由于名物化的名词（比如“分布”）保留了一定程度的动词性特征，要求介词结构对其进行限定和修饰，普通名词（比如“环境”）无此要求。因此，当处于介词性特征较强的句法位置时，方所类框式介词的前项一般不能隐去，而处于名词性较强的句法位置时，其结构中的前项可以隐去。

我们可以用其他类型的方所框式介词结构对这一结论进行验证，比如表达“终到”语义的“到……上”、表达“来源”语义的“从……里/外”和表达“方向”语义的“朝……上”等的句法表现如下：

（69）a. 张三把书扔到桌子上。

b. 张三把书扔桌子上。

（70）a. 我从家里带来一些特产。

b. *我家里带来一些特产。

c. 从门外走进一个人。

d. 门外走进一个人。

（71）a. 张三山上走去。

b. *张三朝山走去。

（69）中的情况与（61）类似。（70）分为两种情况：当位于动词前作状语时，介词“从”不能隐去（a、b 项）；（70）c 中“从门外”可以分析为“走”的状语，介词“从”保留，（70）d 中“门外”作隐现句的主语，介词可以隐去。（71）中的“朝……上”位于动词前作状语，介词“朝”不能隐去。

4.3 方所类框式介词的句法分布及生成动因

4.3.1 方所类框式介词在句中的结构位置

方所类框式介词在句子中拥有较为多样的句法分布，其中由表达处所语义的介词“在”所构成的框式介词的分布范围最为广泛。请看以下例句：

(72) a. 张三写了几个字在桌子上。

b. 张三把字写在桌子上。

c. 张三在桌子上写了几个字。

d. 在桌子上，书本被横七竖八地堆放着。

e. 在学校里的表现

f. 在我心中，曾经有一个梦。

g. *在我心中曾经有一个梦。

上例各项涉及“在……上”“在……里”和“在……中”等方所类框式介词。a 项中的框式介词位于句末，占据宾补的位置；b 项中的框式介词充当单音节动词“写”的补语，同样出现在句末。c 项中的框式介词作状语，位于谓语动词之前。d 项中的框式介词位于句首状语的位置，对全句进行修饰。e 项是框式介词作定语的情况。f 项和 g 项表明，此类框式介词一般不能出现在存现句的句首位置。

由表达“来源”语义的介词“从”“自”“打”等所构成的框式介词如“从……上”“从……外”“从……里”等的句法分布如下例所示：

(73) a. 正在这时，吴萍从门外进来，垂头丧气地说：“房间是空

的”。(《民国暗杀纪实》程舒伟、刘福祥)

b. 这时候，从门外传来了一阵曲调的低哼声，爸爸轻轻地推门进来了。(《高层建筑》嵇鸿)

c. 江浩从桌子上拿来一大叠信：你看！(《为了和平》柯灵)

d. 通宝掮着一架“蚕台”从屋子里出来。(《春蚕》茅盾)

由上例可知，表达“来源”语义的方所类框式介词可以出现在谓语动词之前，也可以出现在隐现句句首。除此之外，该类框式介词还可以位于句首，对动作的来源进行强调。由于此类框式介词在语义上凸显动作发生的来源，该类框式介词一般不能出现在动词之后，比如：

(74) a. 张三从桌子上跳下来。

b. 从桌子上，张三跳了下来。

c. ？张三跳下来从桌子上。

表达“终到”语义的框式介词“到……上”“到……里”“至……外”等的句法表现如下：

(75) a. 说着就叫人把事先印好的营业执照，都搬到桌子上。(《郭亮的故事》赵清学)

b. 有一天，他正同着他的哥哥姐姐，在屋子里游玩，忽然外面来了一阵风，把他卷到屋外去了。(《小雨点》陈衡哲)

该类框式介词由于在语义上指明动作的终到位置，凸显结果语义，因此一般位于动词之后，比如：

(76) a. 张三把书放到桌子上。

b. 张三放了几本书到桌子上。

c. *张三把书到桌子上放。

d. *到桌子上，张三把书放。

上例显示，框式介词“到……上”位于宾补位置上时略显拗口，但仍可以被接受。但其不能出现在动词之前和句首状语等位置。

表达“方向”语义的框式介词“向……上”“向……里”“朝……上”“往……里”等的句法表现如下例所示：

(77) a. 他的脸子发了青：冲了几冲，冲到账房里，把屁股向椅子上一顿，就菩萨似的坐着没动了，只有他的胸膛在起伏。(《家常师爷》蒋牧良)

b. 当洪水撕开市郊永丰村的闽江内堤时，洪水沿着4米宽的口子涌向村里。(《中国青年报》，1992-7-20)

c. 见别人朝歪道上走，不及时指出来，甚至言不由衷地送几句奉承话，何异于落井下石？(《中国青年报》，1983-9-1)

d. 每次进餐、饮酒，都要往火里投一点儿酒肉，孝敬火神。(《中国宗教史》王友三)

e. 朝着床边，他慢慢地走了过去。

可以看出，表达“方向”语义的框式介词“向……上”“向……里”“朝……边”等可以出现在句首状语位置、谓语动词之前，和谓语动词之后。

表达“经由”语义的框式介词比如“从……前”“从……后”等的句法位置比较单一，一般出现在动词之前：

(78) a. 两间高高的楼房，很显眼，一条小河从门前流过，河边一棵大榕树。(《不曾沉没的小舟》钱国丹)

b. 饿得发慌时，也到村中转悠，但绝不敢从人家门前经过，在屋后寻寻觅觅，鬼鬼祟祟，有时，冒胆到猪圈里偷食。(《大痴》薛尔康)

由表达“沿途”语义的“沿”“顺”“缘”等介词所构成的方所框式介词的句法位置如下例所示：

（79）a. 过了河就沿着山崖的陡壁上走。（《云冈途中》闻国新）

b. 汉子沿着河边向公社走去。（《经济日报》，1992－11－20）

可以看出，框式介词“沿着……上”和“沿着……边”出现在动词“走”之前。由于表达“沿途”语义的介词不具有语义上的强制性，该类介词结构中方位词可以隐去。实际上，这类介词一般独立使用，经常出现在谓语动词之前或者句首状语位置，比如：

（80）a. 张三沿着公路慢慢地向北走。

b. 沿着公路，张三缓慢地向北走。

由“沿”形成的框式介词也具有相似的句法分布：

（81）a. 张三沿着陡峭的山崖上缓慢行走。

b. 沿着陡峭的山崖上，张三缓慢地行走。

因此，表达“沿途”语义的框式介词可以出现在谓语动词之前和句首状语位置。我们可以将方所类框式介词的句法分布总结如下：

（82）

表4－3　方所类框式介词句法分布表

类型 位置	句首（状语）	句首（主语）	动词前（状语）	动词后（补语）	动词后（宾补）	名词前（定语）
处所类	√		√	√	√	√
来源类	√	√	√			
终到类				√		
方向类	√		√	√		
经由类			√			
沿途类	√		√			

4.3.2 方所类框式介词在句中的游移形式及生成动因

上节我们讨论了方所类框式介词在句中的位置分布，指出其在句中可能占据不同的句法位置。其中，由“在”所构成的框式介词在句中具有最为广泛的位置分布，可以占据句首状语、动词前、动词后和定语等多个位置。占据多个句法位置导致了框式介词结构在句中的游移，即可以从动词后向动词前和句首位置移动。以处所类框式介词为例：

(83) a. 张三写了几个字在黑板上。

b. 张三把几个字写在黑板上。

c. 张三在黑板上写了几个字。

d. 在黑板上，张三写了几个字。

在上例中，框式介词结构“在黑板上”从宾补位置依次移位至补语位置、动词前和句首状语位置，体现了其在句中的游移过程。在（83）a 中，框式介词位于宾语补足语的位置，而在（83）b 中，框式介词位于动词后，介词“在”和动词“写”之间发生了融合现象。这一过程如下图所示：

(84)

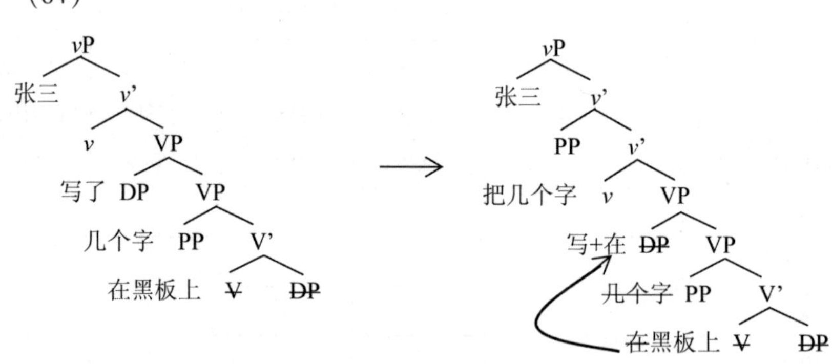

图 4-18 介词融合过程图

（83）a 的生成模式与（67）一致，其中 DP 向 VP 外层的移位是为了保证探针－目标（probe－goal）操作的一致性（Radford，2006）。（83）b 中的宾语由介词“把”提升至轻动词 *v* 的中间投射，而框式介词结构中的“在”出于韵律的要求（冯胜利，1997，2000，2005，2013），提升至轻动词 *v* 位置，与单音节动词“写”融合，形成表层语序“张三把几个字写在黑板上”。（83）c 中的结构由（83）a 中的介词结构提升至轻动词的中间投射而生成，其过程可以表示如下：

（85）

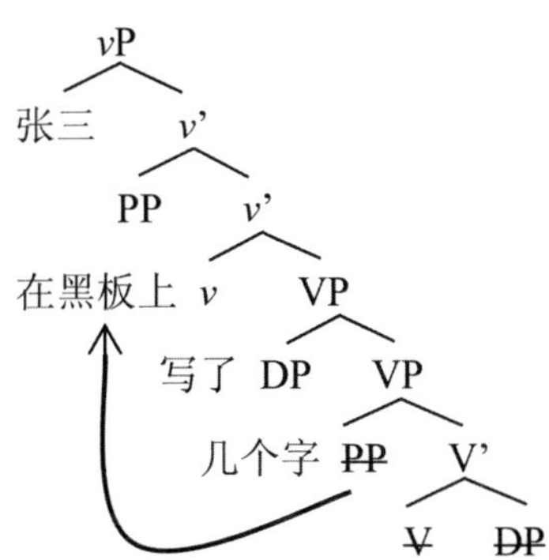

图4－19 介词结构提升示意图

在（84）d 中，框式介词“在黑板上”的语义得到了强调而移位至句首。根据制图理论的主张，CP 被分裂为 Top（ic）P、Foc（us）P 和 Fin（ite）P 等投射（Rizzi，1997，2004），其中 TopP 为话题投射，其理论地位在于为受到语义凸显的句法成分提供落脚点，（83）c 至（83）d 的移位过程如下图所示：

(86)

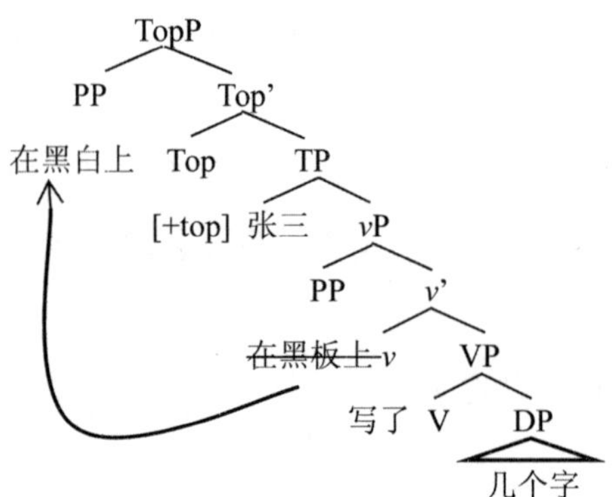

图 4－20　框式介词结构提升移位图

如上图所示，框式介词"在黑板上"基础生成于轻动词 vP 的标识语位置，CP 则根据需要分裂为话题投射 TopP，其中心语 Top 携带话题特征［＋top］。在本句中，框式介词从其基础生成的位置提升移位至 TopP 的标识语位置，旨在核查其携带的［＋top］特征，从而获得语义上的凸显。

可以看出，韵律特点、语义修饰和语义凸显等因素导致了框式介词结构"在黑板上"在句中不同的分布和游移。其他表达"来源""方向"和"沿途"等语义的框式介词在句中也有不同的位置分布，其结构在句中的游移具有类似的内部动因。比如：

(87) a. 张三从桌子上跳了下来。

b. 从桌子上，张三跳了下来。

在（87）a 中，框式介词结构"从桌子上"位于动词之前，对动作发生的的位置进行限定；而在（87）b 中，框式介词结构为了得到语义上的凸显，移位至句首位置，以便核查中心语 Top 所携带的［＋top］特征。

4.4　本章小结

本章对汉语方所类框式介词结构进行了研究。在4.1节中，我们区分了“处所”“临近”“来源”“终到”“方向”“沿途”和“经由”七种方所语义类型，并在语言学类型学的视角下勾勒出汉语方所特征的层级性结构序列。随后，本书确定了汉语方位词和准方位词“轴向部分”的理论地位，并明确了其在结构中的具体位置。在此基础上，本节讨论了方所类框式介词的内部结构及推导机制。4.2节首先讨论了不同方所介词在语义方面的强制性和方所成分类型，指出携带［+loc］特征的方所介词在语义方面具有强制性，要求其后的名词性成分同样携带［+loc］特征。随后，本节探索了方所类框式介词结构中后项成分和介词的隐现机制，指出能否满足方所介词的语义强制性要求是方所类框式介词结构中后项隐现的形式动因，而框式介词结构中前项介词的隐现与其所处的句法位置有关。4.3节首先讨论了不同类型的方所类框式介词在句子中的位置分布，随后以处所类框式介词“在……上”为例，探索了方所类框式介词在句子中的游移形式及其内在动因。

第 5 章

时间类框式介词研究

本章旨在对汉语时间类框式介词进行研究，依次考察该类框式介词结构的结构形式、推导机制、前项以及后项的隐现规律，并对该类框式介词结构的句法位置及形成动因做出解释。

5.1 时间类框式介词的结构形式及推导机制

5.1.1 时间类框式介词的语义类型

我们在第三章中指出，汉语时间类框式介词可以进一步分为“时段类”“起始类”和“终点类”三个次类。其中“时段类”框式介词指明一个特定的时间范围，主要由介词“在”和表示时间的“前”“后”“之前”“之后”“以前”“以后”“前后”“左右”“上下”等构成，比如：

（1）但在11年前，22岁的青年农民黄书声只是一家乡办酒厂的蹩脚推销员。（《中国青年报》，1991－2－16）

（2）譬如，在第一次世界大战后，与美国鼎足而立的英国、法国和日本、德国，现在都远远落在美国后面了。（《美国经济危机的展望》非昔）

（3）在“退休”之前，他想找到最好的年轻杀手决斗一次，然后退出这一行。（《决斗废车场》黎苏）

（4）中国的最初“开放门户”，乃是在 1840 年鸦片战争之后，因大英帝国资本的高压，摧毁了老大中华的顽强壁垒。（《门户开放宣言之检讨与评价》周成堂）

（5）在十岁以前，为上帝和永生的问题我已斤斤辩论了。（《林语堂自传》林语堂）

（6）在亚里士多德以后的各个时代，伦理学的发展更加迅速，以至被一些学者认为，它是哲学和其他学科所应当达到的最高目的和最后成果。（《伦理学概说》马传宣）

（7）这一类地区，一般都没有经过系统的民主改革，且大多在 1958 年前后实现了农业合作化，走上了社会主义道路。（《马克思民族理论与中国民族问题》彭英明）

（8）通过考察，发现在公元前 14 世纪左右，克里特岛发生了一次巨大的火山爆发。（《地下迷宫见天日》余俊雄）

（9）他年纪在四十岁上下，有一个肥胖的老婆和四个高大的儿女，都是又红又胖，穿的衣服像裹粽子那样紧的。（《家常话》欧阳山）

在例（1）—（9）中，“在……前”“在……后”“在……之前”“在……之后”“在……以前”“在……以后”“在……前后”“在……左右”和“在……上下”等均构成时段类框式介词，指明一个具体的时间范围。可以看出，该类框式介词结构中的介词一般为表示时间的“在”充当。

起始类框式介词凸显时间的起始性特征，主要由前置词“自”“从”“打”“打从”“自打”“自从”和后项成分“起”“始”“来”“以来”“后”“以后”等构成，请看以下例句：

（10）随着前苏联政局的变动，自 1990 年起，已有近 35 万苏联犹太人移居以色列。（《复杂多样的居民成分》达洲）

（11）对审美主体心理构成的探索并非自今日始，而是在古代就有不少哲学家、艺术家进行了总结和探索。（《文艺美学》胡经之）

(12) 本报从今日起开辟《全社会都来关心残疾人》专栏，以反映这方面的工作。(《人民日报》，1992-5-3)

(13) 不知打什么时候起，人们就叫俺“小雨珠”。(《小雨珠》张玲)

(14) 打从1991年起，他就患上了糖尿病，既怕累，又怕生气，还得营养得当，静心保养。(《人民日报》，1995年1月)

(15)《水浒》这部长篇小说，打从元末明初问世以来，600年间，已有众多的评论。(《作家文摘》，1994年)

(16) 自从有牌子的这天起，便有许多武装的男女同志拥进了这扇小门，在平时寂寞冷清的小北门，顿时热闹起来了。(《活跃的训练团》冰莹)

(17) 自从这次见面后，她有好几晚不能安眠，她并非不爱美，却又畏惧美，这种复杂感情是自小就有的，年深日久，竟对美也日益淡漠起来。(《裘皮大衣》薛尔康)

(18) 据秦皇岛城市社会经济调查队对市区百户居民的抽样调查，自1983年以来，衣着商品支出以14%的速度递增。(《河北日报》，1991-10-26)

在例（10）—（18）中，“自……起”“自……始”“从……起”“打……起”“打从……起”“打从……以来”“自从……起”“自从……后”“自……以来”“自……以后”等均构成表达“起始”语义的框式介词。该类框式介词中表达“起始”语义的介词一般可以和“起”“以来”“来”“后”“之后”“以后”等后置词自由搭配，形成起始类框式介词的多种变体。因此，除了上述框式介词之外，该类框式介词还包含“自……之后”“自从……之后”“自……来”“打……以来”“打从……之后”等变体形式。

终点类框式介词凸显时间的终点语义。该类框式介词由表达“终到”语义的介词“到”和“至”和后置词“止”和“为止”构成，比如：

（19）到六月七日止，长达二十四公里的海堤、三十九公里的输电线路、三百四十四个结晶池、一百二十座盐田水工设施都已建成。（《河北日报》，1983－7－11）

（20）到今天上午为止，全国各地已有一千六百多人到上海来参加我们的戏剧节活动。（《解放日报》，1983－11－24）

（21）第25届奥运会的262.2万张门票至今天为止全部售完。（《中国青年报》，1992－7－20）

（22）至八月三十一日止，已有六百八十七名有盗窃或其他违法犯罪行为的人员，向深圳市公安机关投案自首、坦白交代。（《羊城晚报》，1986－9－2）

从例（19）—（22）中可以看出，“到……止”“到……为止”“至……止”“至……为止”是终点类框式介词的主要表现形式。

我们可以把时间类框式介词的主要类型和表现形式总结如下：

（23）

表5－1　时间类框式介词类型表

时间类框式介词	时段类	“在……前”“在……后”“在……之前”“在……之后”“在……以前”“在……以后”“在……前后”“在……左右”“在……上下”等。
	起始类	“自……起”“自……始”“从……起”“打……起”“打从……起”“打从……以来”“自从……起”“自从……后”“自……以来”“自……以后”“自……之后”“自从……之后”“自……来”“打……以来”“打从……之后”等。
	终点类	“到……止”“到……为止”“至……止”“至……为止”等。

5.1.2 时间类框式介词的结构形式

5.1.2.1 时间类框式介词结构中后项成分的句法属性

上文指出，时间类框式介词中的前项由表示时间语义的“在”“起始”语义的“自”等和“终点”语义的“到”等介词充当，而结构中的后项成分则由表达时间关系的方位词以及“起”“始”“来”“以来”“止”等充当。本节旨在考察该类框式介词结构中后项成分的句法属性，并明晰其在框式介词结构中的具体位置。

在第4章中，我们将方所类框式介词结构的后项方位词成分分析为“轴向部分”，指出其功能在于明晰物体之间的相对位置关系，比如“在……前”中的方位词“前”指明了背景名词与其他物体之间的位置关系。在时间类框式介词结构中，其后项成分同样具有相应的语法功能，并拥有其自身独立的结构位置。先看时段类框式介词中的后项成分。

时段类框式介词中的后项成分由表示时间的方位词、以/之 + 表示时间的方位词或少数方位词并立成分（“前后”“左右”“上下”）充当。从表层形式上看，该类框式介词中的后项成分与方所类框式介词中的后项成分类似。比如“在……（之）前”和“在……（以）后”既可以表示空间关系，也可以表示时间关系。就后项成分的功能来讲，“前”和“后”既可以表现物体间的相对位置关系，也可以表现相对的时间关系。比如“在五点之前”表现的是“五点”之前的时间范围与“五点”之间的时间关系。“以前”“以后”“之前”和“之后”等后项成分已经词汇化，可以独立地表达时间关系：

(24) a. 因此，不能简单地根据以前的经济变化来推断这次经济周期的变化。(《经济日报》，1991－6－24)

b. 以后，又经上级批准，陆续盖起八千多平方米的新住宅。(《解放日报》，1981－1－8)

c. 之前，她只是水乡白洋淀一个织芦席的少女。(《一个警察的 24 小时》窦卫华)

d. 之后，上海诸将全力反击，以 4 比 15、5 比 15 连扳两局。(《天津日报》，1987－11－27)

此外，从句法表现上看，表达时间的方位词也不同于普通的事物名词，二者不能相互替换，比如：

(25) a. 在五点前

b. *在五点前面

从语法功能和句法表现上看，时段类框式介词中的后项成分都与方所类框式介词中的方位词类似。在第 4 章中，方位词被分析为“轴向部分(AxPart)”，用来指明物体间相对的位置关系。我们可以将时段类框式介词中的后项成分分析为表达时间的“轴向部分”，用“$\text{AxPart}_{\text{TI(ME)}}$”表示，其功能在于凸显相对的时间关系。

起始类框式介词的后项成分由表达时间的方位词和“起”“始”“来”“以来”等充当。从形式上看，这些后项成分由单音节性词汇或者“以＋来”构成。从语义上看，这些后项成分均可以表达相对的时间关系。“起”“始”“来”和“以来”均以某一个时间点为基准来凸显时间信息。比如“从儿时起”以“儿时”为时间基点，凸显“儿时”以后的时间信息。从这个意义上讲，起始类框式介词中的后项成分同样具有凸显相对时间关系的语法功能，同样具有时间层面上的“轴向部分”的理论地位。

终点类框式介词的后项成员较少，一般由“止”和“为止”充当。在语义上，该类成分和“起”“始”等类似，同样以一个时间点为基准凸显时间关系。比如“到三点为止”以“三点”为时间基点，凸显“三点”之前的时间信息。有鉴于此，我们将“止”和“为止”也分析为表达时间关系的“轴向部分”，具有凸显相对时间关系的语法功能。

5.1.2.2 时间类框式介词结构的句法表征

在第4章中，我们将方所类框式介词中的后项成分分析为“轴向部分”，并明晰了其在结构中的位置，诸如“在桌子之上”这样的结构被分析以下结构模式：

(26)

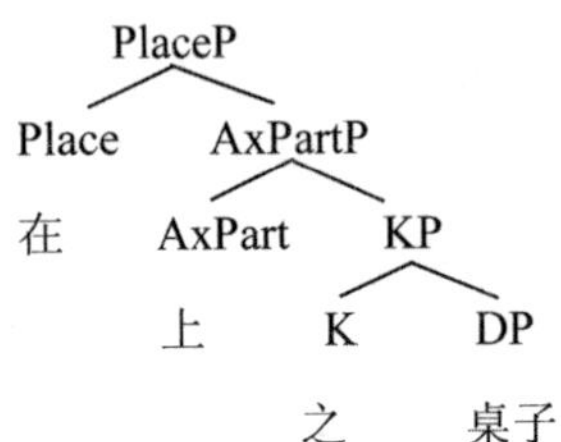

图5-1 “在桌子之上”结构图

上图显示，方所类框式介词按照“介词+AxPart+KP+DP”的模式进行构建，“K”为结构助词“之”或“以”提供位置。在随后的分析中，“K”被分析为“GenP”，用以表示其与背景名词之间的语义关系。由于时间类框式介词的后项成分具有标记相对时间关系的语法功能，并被分析为“$AxPart_{TI}$”，我们可以将其分析为与方所类框式介词平行的句法结构，即“时间介词+表达时间的轴向部分+GenP+介引对象”。时间介词由“在”“自”“从”“到”“至”等介词充当。其中，“在”表达静态的时间概念，“自”“从”“到”“至”等表达动态的时间范围，这与它们在表达方所概念方面类似。我们在第4章中区分了［+loc］、［+sou］和［+goal］等方所特征，指出表达“处所”语义的“在”携带［+loc］特征，表达“来源”语义的“从”等携带［+loc］和［+sou］特征，表达“终到”语义的“到”等携带［+loc］和［+goal］特征，并将介词投射分析为PathP-PlaceP的模式。在表达时间概念的介词中，“从”所表达的时间信息上包含“在”所表达的时间信息。比如“从今日起”包含“在今日”这个时间点。同样，“到今日止”所表达的时间信息包含“在今日”这个时间点。因此，表达时间的“在”携带时间特征 [+ point]，“从”等介词携带时间特征 [+ sou_{TI}] 和 [+ point]，“至”和“到”携带时间特征 [+ $goal_{TI}$]。我们假设表示时间的介词包含 [+ point]、[+ sou_{TI}] 和 [+ $goal_{TI}$] 等特征的投射，其结构层级如下图所示：

(27)

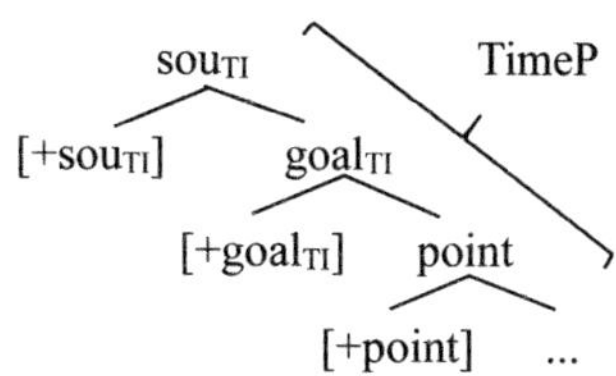

图 5－2　时间介词特征层级图

表示动态时间范围的 [+ sou_{TI}] 和 [+ $goal_{TI}$] 特征位于较高的位置，直接支配表示静态时间的 [+ point] 特征。在句法推导过程中，运算系统根据时间特征的组合将特征拼出为具体的介词。时间类框式介词结构中的后项除了包含“前”“后”“起”“来”“止”“始”等单音节词汇之外，还包含“之前”“以后”和“以来”等与“之”和“以”所构成的成分。比如：

(28) a. 在三点之前

b. 从三点以后

(28) a 可以表述为“在三点的前面的那段时间”，(28) b 可以表述为“从三点的后面的那段时间”。可以看出，“之”和“以”在这里指明了“前”和“后”与“三点”之间在语义上的领属关系。这种功能和方所类框式介词中的情况类似。因此，我们将 GenP 引入时间类框式介词结构的句法表征中，目的在于凸显结构中的后项与被介引对象的语义关系，并为其提供结构位置。通过这种方式，时间类框式介词中的“之”“以”和“为”被统一分析为 GenP。在线性序列上，时间类框式介词表现为“时间

介词 + $AxPart_{TI}$ + GenP + DP”。因此，诸如“在 2000 年之后”和“自 2000 年以来”的结构形式可以分别表示如下：

（29）a.　　　　　　　　　　b.

图 5-3　“在 2000 年之后”和“自 2000 年以来”结构图

我们将时间类框式介词结构分析为与方所类框式介词结构相平行的结构模式，旨在体现句法结构的普遍性与理论分析的一致优化性。表示时间的“轴向部分”受到时间介词的直接支配，为框式介词结构中的后项提供结构位置。需要指出的是，（29）中的结构形式与时间类框式介词的表层语序并不一致，表层语序“在 2000 年之后”和“自 2000 年以来”通过句法运算推导而来。

5.1.3　时间类框式介词的生成机制及动因

我们在上一节中将时间类框式介词统一分析为“时间介词 + $AxPart_{TI}$ + GenP + DP”的结构模式，并明确了后项成分的语法功能和结构位置。从句法表现上看，该类框式介词中的后项成分（比如“上”“起”“止”“以来”等）大多也是黏附性的，不能独立地表达时间语义信息，这一点同样与方所类框式介词的情况类似。有鉴于此，我们可以将二者进行统一的分析。按照纳米句法的理论精神，在该类框式介词结构中，前置成分和名词性成分在不同的工作空间中推导生成。以时间类框式介词“自 2000 年以来”为例，介词“自”和“2000 年以来”分别在工作空间 1 和工作空间 2

中进行独立的推导与运算。在工作空间1中，介词结构按照（27）中的特征序列进行构建与表征：

（30）

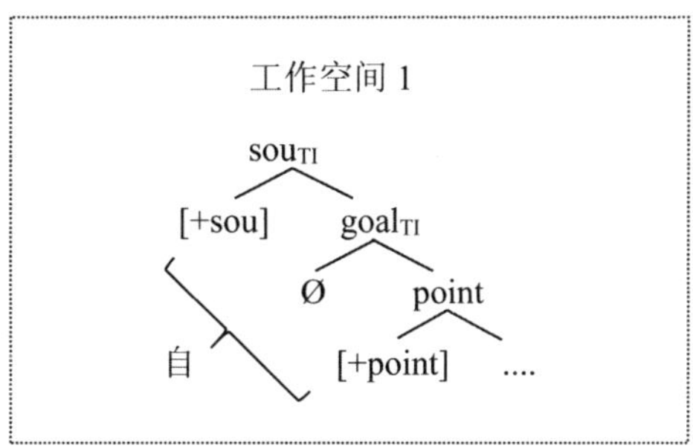

图5-4 工作空间1运算示意图

在工作空间1中，纳米句法按照短语拼读（phrasal spell-out）的方式，将时间特征［+sou］和［+point］整体拼出为时间介词“自”。名词性成分“2000年”和后项“以来”则在工作空间2中进行推导，具体过程为：DP“2000年”首先和GenP“以”合并，生成“以2000年”。此时，运算系统在词库中核查是否存在这样的词汇项目。由于词库中不存在“以2000年”这样的词汇项目，DP进行提升移位，生成“2000年以”这样的结构，这一过程如下图所示：

（31）

GenP
Gen DP
以 2000年
⟶
DP
DP GenP
2000年 Gen ~~DP~~
以 ~~2000年~~

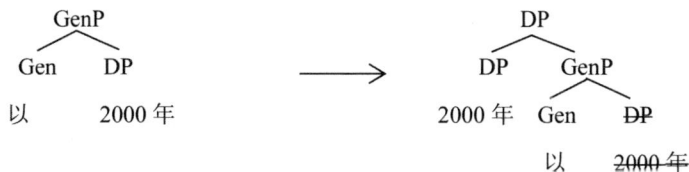

图5-5 “2000年以”生成示意图

随后，表示时间的“轴向部分”“来”与“2000年以”结构进行合并，生成“来2000年以”这样的结构，并再次接受运算系统的核查。由于词库中不存在“来 2000 年以”这样的结构，DP“2000 年”首先进行循环移位，生成“2000 年来以”这样的结构，这一过程如下图所示：

(32)

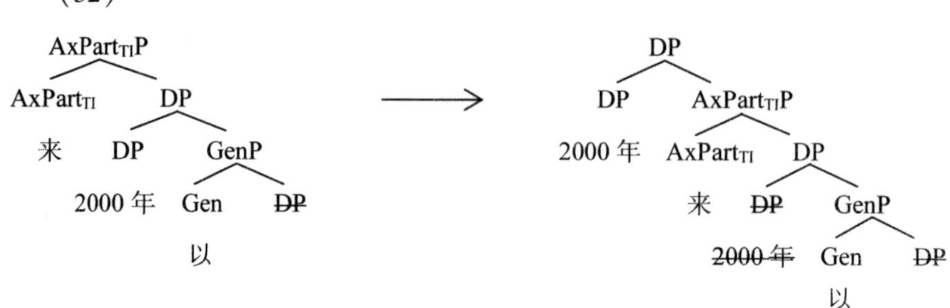

图 5－6　“2000 年来以”生成示意图

由于词库中仍然不存在“2000 年来以”这样的结构，DP“2000 年”的循环移位被取消，DP－GenP“2000 年以”结构进行整体移位，通过左向合并的方式形成“2000 年以来”这样的结构，这一过程如下图所示：

(33)

AxPart$_{TI}$P
AxPart$_{TI}$ DP
来 DP GenP
2000 年 Gen ~~DP~~
以

⟶

DP
DP AxPart$_{TI}$P
DP GenP AxPart$_{TI}$ ~~DP~~
2000 年 Gen ~~DP~~ 来
以

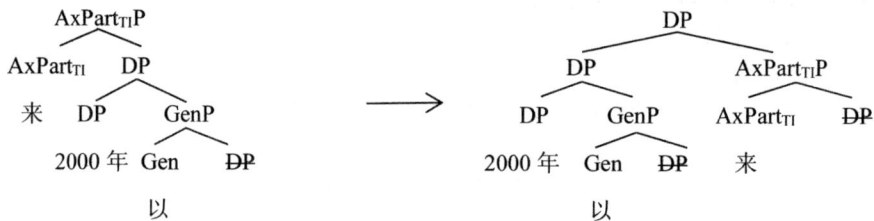

图 5－7　“2000 年以来”生成示意图

由于词库中含有“2000 年以来”这样的词汇项目，运算系统将 DP－GenP－AxPart$_{TI}$P 整体拼出为“2000 年以来”这样的结构。最后，在工作空间 1 中生成的介词“自”和结构“2000 年以来”进行合并，生成框式介词结构“自 2000 年以来”。这一过程如下图所示：

（34）

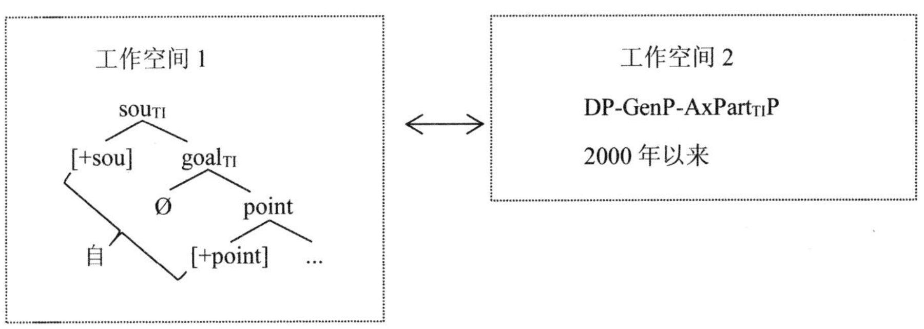

图5-8　“自2000年以来”生成示意图

可以看出，时间类框式介词具有与方所类框式介词相平行的结构模式和生成方式：结构中的介词成分和其他成分在不同的工作空间中推导生成，循环移位、整体移位、短语拼出和运算后期的二元合并是该类结构生成的主要手段，而能够拼出合法的词汇项目是该类框式介词进行结构调整及推导生成的内在动因。

5.2　时间类框式介词前后项隐现机制研究

5.2.1　时间类框式介词结构中后项的隐现规律及动因

我们在第四章对方所类框式介词结构中的介词和后项成分的隐现规律进行了探讨，指出介词与后项成分之间的特征匹配是制约方位词/准方位词隐现的决定性因素。携带［+loc］特征的介词在语义上具有强制性，要求其后的成分必须具有［+loc］特征，而使普通事物名词具有［+loc］特征以满足介词的语义需要，是方位词/准方位词所具备的语法功能之一。请看下例：

(35) a. 在桌子上　＊在桌子
b. 从桌子上　＊从桌子
c. 到桌子上　＊到桌子
d. 从门前经过 ＊从大门经过
e. 朝桌子上　朝桌子
f. 沿着马路上　沿着马路

在上例中，a－d 项分别为表达“处所”“来源”“终到”“经由”语义的方所介词，这些介词均携带［＋loc］特征，在语义上具有强制性。因此，这些介词类型与普通事物名词“桌子”搭配时，均要求方位词出现，以满足其在语义方面的强制性要求。而 e 项和 f 项中的介词为表达“方向”和“沿途”语义的方所介词，分别携带方所特征［＋dir］和［＋rou］，在语义上不具有强制性。因此，当这些介词类型与普通事物名词搭配时，并不强制要求方位词出现。循着相同的思路，我们认为在时间类框式介词中，表达时间语义的介词“在”“自”“到”等同样需要其后的成分在语义特征方面能够与其匹配。我们在 5. 1. 2. 2 节中讨论过时间介词所携带的语义特征，总结如下：

(36) a. 在［＋point］
b. 自［＋point］［$+sou_{TI}$］
c. 到［＋point］［$+goal_{TI}$］

时间介词“在”携带表达“时间点”特征［＋point］，时间介词“从”携带“时间点”特征［＋point］和“来源$_{时间}$”特征［$+sou_{TI}$］，而时间介词“到”携带“时间点”特征［＋point］和“终点$_{时间}$”特征［$+goal_{TI}$］。也就是说，所有类型的时间介词均含有“时间点”特征［＋point］。这就要求出现在时间介词之后的成分应该具有“时间点”特征［＋point］才能满足时间介词在语义方面的要求。先看时间介词“在”的情况，请看下面的例子：

(37) a. 在 2000 年　　　　在 2000 年（之）后
b. 在上世纪 70 年代　　在上世纪 70 年代（之）前
c. 在十二月　　　　　在十二月（以）前
d. 在三点五十分　　　在三点五十分左右
e. 在改革开放时期　　在改革开放时期（以）后

在上例各项中，“2000 年”“上世纪 70 年代”“十二月”“三点五十分”和“改革开放时期”等名词短语本身携带“时间点”特征［+point］，可以独立地表达时间语义信息，能够满足时间介词“在”在语义方面的要求。因此在这种条件下，时间类框式介词中的后项成分可以自由隐现。但如果时间介词之后的名词性成分为不具备（显著）的时间语义特征的普通名词的时候，一般需要该类框式介词结构中的后项成分显现，使普通名词携带时间语义特征，以满足时间介词在语义方面的要求，如下例所示：

(38) a. 在退休之后　　　＊在退休
b. 在七七事变之前　＊在七七事变
c. 在 20 年前　　　＊在 20 年
d. 在 40 岁上下　　＊在 40 岁
e. 在比赛之前　　　＊在比赛

在上例各项中，“退休”“七七事变”和“比赛”传达典型的事件信息，本身不具备时间语义特征；而“20 年”和“40 岁”虽然含有“年”“岁”等表达时间信息的词汇，但其分别凸显的是“数量”和“年龄”等语义信息，并不能凸显典型的时间信息。因此这类名词性成分本身无法满足时间介词“在”在语义方面的要求，而必须通过后项成分“之后”“之前”“前”“上下”等获得时间语义特征，以满足时间介词“在”的语义要求。在这种情况下，框式介词结构中的后项成分必须显现。

下面看起始类介词“自”的情况。由于该类介词携带时间特征［+

point］和［+sou_{TI}］，其应该要求其后的成分携带时间语义特征。也就是说，典型的表达时间语义的名词可以与该类介词搭配，如下例所示：

（39）a. 黄河自1972年首次出现断流，最初断流的时间只有十几天，断流也不是年年发生。（《人民日报》，1988年）

b. 黄河自1972年首次在山东省利津县断流，到1996年已经累计断流57次。（《步知网》，2020-11-4）

c. 唐龙想了想说："从三点五十，让炮兵部队炮击十分钟，突然停下来这样就万无一失了。"（《士兵突击》柳建伟）

d. 有田从三点就一直在河滩上等她了。（《生为女人》翻译作品）

e. 来自湟中县上新庄乡阳坡台村二十三岁的工长王庆忠对记者说，从一月一日开工，施工就一直没停。（《人民日报》，2000年）

f. 唐、保两市一些企业停产半停产问题从去年下半年日渐突出。（1994年报刊精选）

在上例中，"1972年""三点五十""三点""一月一日"和"去年下半年"等名词性成分是典型的时间名词，携带语义特征［+point］，因此该类名词性成分可以和时间介词"自""从"等搭配，后项成分可以隐去不用。尽管在这些搭配中，后项成分"前""后""以前""之后""以来"等显现的情况更为常见：

（40）a. 自本世纪60年代以来，许多资本主义国家竞相把机器人应用到工业生产上来，致使大量工人失业。（《当代大众哲学》雷英魁、陈扬炯）

b. 自三月二十日起，山西的土豆上市量激增，每天至少上市五六万斤，最多达到十万八千斤。（《天津日报》，1982-4-3）

c. 吴剑春从40年代起就研究热喷涂技术。（《解放日报》，1982-

10-6)

d. 从1979年以来，这个县先后办起了六个社队蜜枣加工厂。（《河北日报》，1984-1-28）

在上例各项中，后项成分“以来”和“起”均在结构中显现，使得表意更加完整充分。该类框式介词结构中后项成分的高频率显现是为了与介词所携带的［$+sou_{TI}$］相匹配。如果该类介词所介引的名词为普通名词时，后项成分必须显现，其目的是使名词性成分具有时间语义特征，从而与介词相匹配：

（41）a. 自辛亥革命以来　　＊自辛亥革命

b. 自退休以来　　＊自退休

在上例中，名词短语“辛亥革命”和名物化的“退休”不具备内在时间语义特征，无法与表示起始语义的时间介词“自”和“从”连用。在这种情况下，框式介词中的后项成分必须显现。

最后看表达“终点”语义的“到”和“至”的情况。由于该类介词携带时间语义特征［$+goal_{TI}$］和［+point］，其同样要求其后的名词性成分携带时间语义特征。请看下面例句：

（42）a. 预计到今年十一月份，全部扩建工程将提前一年竣工。（《河北日报》，1983-7-11）

b. 到去年底，这个县关停并并转的企业共有80多家。（《人民日报》，1992-3-10）

c. 至一八三一年三月十七日，另行通过法律，以改组城市之行政。（《比较市政学》刘乃诚）

d. 至7月份，他们转产赢利600多万元，扭转了以往效益下滑的局面。（《经济日报》，1992-9-16）

在上例中，“十一月份”“去年底”“一八三一年三月十七日”和“7

月份”均为典型的时间名词，该类名词能够满足时间介词“到”和“至”的语义特征，因此后项成分可以隐去。和“自”类似，不具有内在时间语义特征的名词与“到”和“至”搭配时，后项成分“（为）止”一般需要显现：

(43) a. 到辛亥革命为止 ？到辛亥革命

b. 到退休为止 ？到退休

在该类框式介词结构中，后项成分“（为）止”在大多数情况下都是显性的，这是由于后项的显现能够更好地核查时间介词“到”和“至”所携带的［$+sou_{TI}$］特征。可以看出，时间类框式介词结构中的后项成分的隐现情况受到时间介词所携带的时间语义特征的制约。当所介引的对象为时间类名词时，时间介词的语义要求得到了满足，后项成分的隐现较为自由。而当所介引的对象为不具备时间语义信息的普通名词时，后项成分一般要出现，其目的在于使普通名词携带时间语义特征，以满足时间介词的语义要求。时间类框式介词结构中后项成分的隐现机制可以表示如下：

(44)

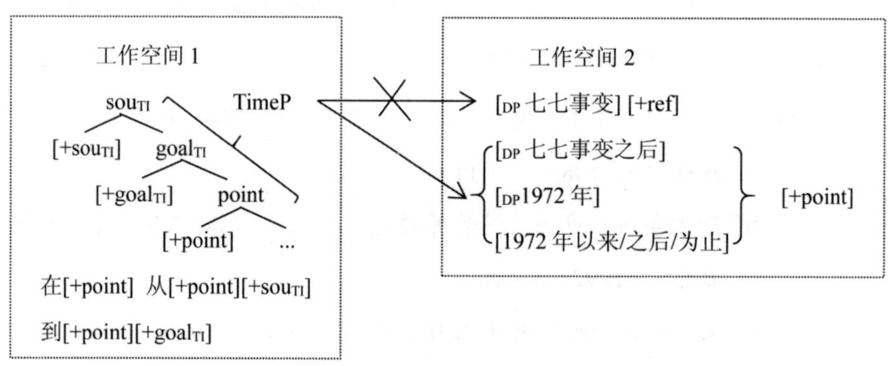

图 5－9 时间类框式介词后项成分隐现机制图

5.2.2　时间类框式介词结构中介词的隐现规律及动因

时间类框式介词中的介词隐现情况和其所处的句法位置密切相关。因为独立地来看，时段类、起始类和终点类框式介词结构中的介词似乎均可以隐去不用，请看下例：

(45) a. 在三点之前 = 三点之前
b. 在五点以后 = 五点以后
c. 在八月前 = 八月前
d. 在十点左右 = 十点左右

(46) a. 自一月起 = 一月起
b. 从 2000 年以来 =2000 年以来
c. 自第三季度以来 = 第三季度以来
d. 从六点起 = 六点起

(47) a. 到六月为止 = 六月为止
b. 至三点为止 = 三点为止

从例（45）—（47）可以看出，在孤立的情况下，时间类框式介词结构中介词的隐现较为自由，时间介词的显现或隐匿对语义的影响不大。时间介词在该类框式介词结构中的隐现情况受到句法位置的制约。先看时段类框式介词的情况。在句首状语和定语位置上，介词“在”可隐可现：

(48) a. 在这个时期以前，无政治组织之需要，更不会有所谓政治思想了。(《政治学体系》周绍张)
b. 这个时期以前，无政治组织之需要，更不会有所谓政治思想了。

(49) a. 但在 40 多年后的今天，中印两国的状况截然不同。(《通向理想境界之路》林克)

b. 但40多年后的今天，中印两国的状况截然不同。

（48）a中的“在这个时期以前”位于句首状语位置，（49）a中的“在40多年后”位于定语位置修饰名词性中心语“今天”，框式介词结构中的时间介词可以隐去。时段类框式介词在动词之前的表现如下：

（50）a. 他说，“我们在十五年前一起开辟了新路，让我们一起走下去。”（《解放日报》，1987－2－28）

b. 马克思恩格斯都曾有过革命和平发展的设想，列宁在二月革命后也曾设想过革命和平发展的可能。（《科学社会主义思想史》朱光、金思泽、李雅春）

在上例中，框式介词结构“在十五年前”和“在二月革命后”中的介词成分显现。介词隐去时，句子的表达仍然可以接受：

（51）a. 他说，“我们十五年前一起开辟了新路，让我们一起走下去。”

b. 马克思恩格斯都曾有过革命和平发展的设想，列宁二月革命后也曾设想过革命和平发展的可能。

通过更多的例子我们可以发现，当时段类框式介词结构位于动词之前时，介词的隐现对句子表达的合法程度影响不大：

（52）a. 足球比赛在三点以前开始。

b. 足球比赛三点以前开始。

（53）a. 飞机在下午五点后抵达南京。

b. 飞机下午五点后抵达南京。

（54）a. 这张优惠券在3月15日以后作废。

b. 这张优惠券3月15日以后作废。

（55）a. 我在两点之前去学校。

b. 我两点之前去学校。

由例（52）—（55）所示，框式介词“在……以前”“在……后”

“在……以后”“在……之前”等中的前项介词的隐现对句子的合法程度影响不大。但当框式介词前有副词修饰时，框式介词结构中的介词必须显现：

(56) a. 开学典礼将在下午五点之前结束。

　　b. ＊开学典礼将下午五点之前结束。

此外，时段类框式介词还可以出现在某些动词的补语位置，在补语位置上的介词前项一般来讲必须显现：

(57) a. 会议时间被定在下午三点以后。

　　b. ＊会议时间被定下午三点以后。

(58) a. 主办方将典礼仪式安排在上午 10 点之前。

　　b. ＊主办方将典礼仪式安排上午 10 点之前。

可以看出，在补语位置上，时段类框式介词结构中的前项介词必须显现。从（48）—（58）中的例子可以看出，在句首状语、定语位置和动词之前，时段类框式介词中的前项介词可隐可现，而在动词补语位置上和被副词修饰时，框式介词结构中的介词必须显现。这种差异是不同结构位置的结构要求所导致的。由于现代汉语中的时间名词可以做状语使用，在句首位置上的时间状语可以由介词结构或时间名词充当，因此在这一位置上，框式介词结构中的介词前项可以隐去。在定语位置上，“的”字前面的成分既可以是名词，也可以是介词结构。因此定语位置上的框式介词结构中的介词前项同样可隐可现。当受到副词修饰时，副词不能直接修饰名词短语（56a），但可以修饰介词结构，因此这一位置上的介词前项不能隐去，这一过程如下所示：

(59) a. [$_{Adv}$将]　　　　　[$_{DP}$下午五点之前]

　　b. [$_{Adv}$将]　　　　　[$_{PP}$在下午五点之前]

由于副词无法直接修饰名词短语，运算系统无法将二者进行合并，此时的介词前项必须显现。出现在补语位置上的框式介词结构一般与“安排”“设定”“预定”等动词连用。该类动词具有“三价”动词（three－place verb）的特征，在句法上要求动词后携带一个宾语和介词性补语。这种现象具有跨语言的普遍性特征：

(60) a. 他们把会议安排在下午三点以后。

b. They scheduled the meeting after 3 p. m. .

c. 彼らは会議を午後3時に予定する

在上例中，动词“安排”的补语成分均由介词性成分充当：汉语的“在下午三点以后”、英语的“after 3 p. m.”和日语的“午後3時に”。介词“在”“after”和“に”均不能隐去，这是句法强制性作用的结果。其中，框式介词结构“在下午三点以后”（英语和日语为介词结构）为动词的补语成分，基础生成于动词短语 VP 的标识语位置。其基础结构如下图所示：

(61)

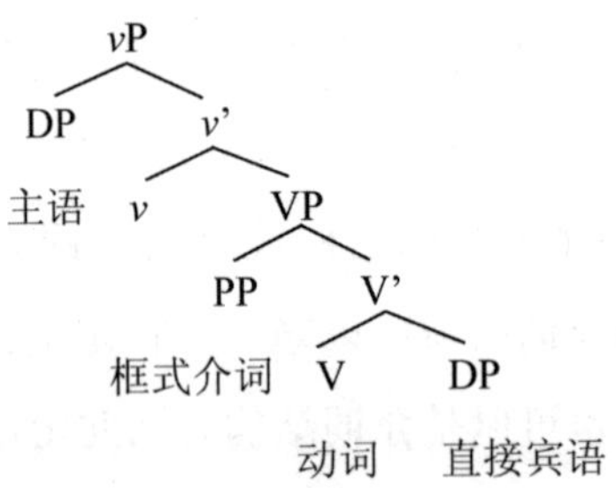

图 5－10　框式介词结构位置图

由于 VP 标识语的位置［spec，VP］上要求介词性的 PP 成分出现，因此框式介词结构中的前项介词必须显现，以满足该位置上的句法限制。线性语序“他们把会议安排在下午三点以后”由运算后期的提升移位而生成，这里不再详细讨论。

接下来看起始类框式介词的情况。起始类框式介词一般出现在句首状语位置，在该位置上，框式介词结构中的介词前项可隐可现：

（62）a. 从今天起，一年之内次品变不成优质产品，我辞职！（《河北日报》，1984－1－28）

b. 今天起，一年之内次品变不成优质产品，我辞职！

（63）a. 从 1979 年以来，这个县先后办起了六个社队蜜枣加工厂。（《河北日报》，1984－1－28）

b. 1979 年以来，这个县先后办起了六个社队蜜枣加工厂。

（64）a. 自 1980 年起，世界旅游组织每年为旅游日提出一个口号。（《解放日报》，1985－9－27）

b. 1980 年起，世界旅游组织每年为旅游日提出一个口号。

（65）a. 自 50 年代以来，我们党就开始进行这一艰巨探索，其间历经磨难，有成功的经验，有失误的教训，曲曲折折，反反复复。（《人民日报》，1993－12－17）

b. 50 年代以来，我们党就开始进行这一艰巨探索，其间历经磨难，有成功的经验，有失误的教训，曲曲折折，反反复复。

（66）a. 从 1980 年以后，他又连续旷工，最初是一二天，后来发展到二十多天，仅一至九月份就旷工 55 天。（《北京日报》，1981－10－4）

b. 1980 年以后，他又连续旷工，最初是一二天，后来发展到二十多天，仅一至九月份就旷工 55 天。

在例（62）—（66）中，起始类框式介词结构“从……起”“从……以来”“自……起”“自……以来”“从……以后”中的前项介词均可隐去，语言表达的合法性不受影响。在动词之前，起始类框式介词结构中的介词前项同样可隐可现，请看以下例句：

（67）a. 经国务院批准，全国从 1981 年 1 月 1 日起实行统一的省、

市、自治区标准排列顺序。(《解放日报》,1981－1－8)

b. 经国务院批准,全国1981年1月1日起实行统一的省、市、自治区标准排列顺序。

(68) a. 吴剑春从40年代起就研究热喷涂技术。(《解放日报》,1982－10－6)

b. 吴剑春40年代起就研究热喷涂技术。

(69) a. 大兴县黄村公社狼西一队从今年四月份以来,积极生产城市人民所需要的花盆。(《北京日报》,1981－10－4)

b. 大兴县黄村公社狼西一队今年四月份以来,积极生产城市人民所需要的花盆。

(70) a. 东京青年会议所自1972年起,就开始与中国交往。(《中国青年报》,1987－3－6)

b. 东京青年会议所1972年起,就开始与中国交往。

由例(67)—(70)可知,位于动词前的框式介词结构"从……起""从……以来"和"自……起"中的介词前项可以隐去。

在定语位置上,起始类框式介词中的介词前项同样可隐可现,请看以下例句:

(71) a. 这次吴冠中教授精选了自1962年以来的美术作品113件(油画50件,水墨、水粉画63件)在我市展出。(《天津日报》,1980－7－10)

b. 这次吴冠中教授精选了1962年以来的美术作品113件(油画50件,水墨、水粉画63件)在我市展出。(《天津日报》,1980－7－10)

(72) a. 从19世纪末期以来的几十年内,物理学对于物质微观结构的研究获得了很大成就。(《原子物理学》胡镜寰、王忠烈、刘玉华)

b. 19 世纪末期以来的几十年内，物理学对于物质微观结构的研究获得了很大成就。

(73) a. 从那时起的第二天，在原始大森林的外边，出现了一块新竖立的大木牌，上面详细罗列了尘螨、飞沫、病毒、粉末的特征和危险之处。(《危险的小不点》蔡威林)

b. 那时起的第二天，在原始大森林的外边，出现了一块新竖立的大木牌，上面详细罗列了尘螨、飞沫、病毒、粉末的特征和危险之处。

从例（71）—（73）可知，在定语位置上，起始类框式介词结构中的前项介词可以显现，也可以隐去。终点类框式介词的情况较为特殊，该类结构似乎总以“到……（为）止”和“至……（为）止”的形式出现在句首状语位置，比如：

(74) 到今天上午为止，全国各地已有一千六百多人到上海来参加我们的戏剧节活动。(《解放日报》，1983－11－24)

(75) 到目前为止，已有 140 多名博士后研究人员进站工作。(《羊城晚报》，1987－12－19)

在上述两例中，隐去框式介词结构中的前项介词并不影响句子的合法性：

(76) 今天上午为止，全国各地已有一千六百多人到上海来参加我们的戏剧节活动。

(77) 目前为止，已有 140 多名博士后研究人员进站工作。

在动词前，该类框式介词结构中的介词前项同样可以隐去，请看下例：

(78) a. 反对者到目前为止无法找出比应试教育更好的选拔人才的办法来。(《网络语料》，2010－4－2)

b. 反对者目前为止无法找出比应试教育更好的选拔人才的办法来。

终点类框式介词还可以出现在动词之后，此时结构中的介词前项必须显现：

(79) a. 可惜我们对于中国人的感情生活太少分析，关于这方面的话我们只能说到这里为止了。(《网络语料》，2019－2－23)

b. ＊可惜我们对于中国人的感情生活太少分析，关于这方面的话我们只能说这里为止了。

此外，在定语位置上，该类框式介词结构中的前项介词也可以隐去：

(80) a. 上述几个方面，是到目前为止的任何一家语义学也未曾涉及的。(《网络语料》，2008－12－11)

b. 上述几个方面，是目前为止的任何一家语义学也未曾涉及的。

可以看出，位于句首状语位置山的终点类框式介词结构"到……为止"中的前项介词可以隐去。我们可以把时间类框式介词前项介词的隐现规律总结如下：

(81)

表5－2　时间类框式介词前项介词隐现情况表

类型 位置	句首 (状语)	动词前 (状语)	动词后 (补语)	名词前 (定语)
时段类	可隐可现	可隐可现	必须显现	可隐可现
起始类	可隐可现	可隐可现	——	可隐可现
终点类	可隐可现	可隐可现	必须显现	可隐可现

从(81)可以看出，除了在动词之后，时间类框式介词结构中的介词前项可以自由隐现。这是由句法位置和汉语时间名词的特性决定的。由于

汉语时间名词可以独立做状语，位于句首状语和动词前的时间类框式介词结构中的介词前项可以隐去，留下时间名词和后项成分作状语。在作定语时，介词结构和名词性成分均可以出现在“的”字之前，因此该位置上的时间类框式介词同样可也隐去介词前项。由于动词补语位置要求介词性的成分占据（见（62）中的分析），该位置上的框式介词不能隐去其介词前项。

5.3 时间类框式介词的句法分布及生成动因

5.3.1 时间类框式介词的句法分布

上一节关于时间类框式介词前后项隐现的探讨涉及了其句法分布的问题，本节对该类框式介词结构的句法分布进行梳理，并探索其在句中可能的游移形式及产生动因。先看时段类框式介词，该类介框式介词结构可以出现在句首状语位置、动词前、动词后和定语位置，请看下面的例子（以“在 20 年之后”为例）：

（82）a. 在 20 年之后，我的梦想成为现实。

b 我的梦想在 20 年之后成为现实。

c. 在 20 年之后的今天，我的梦想成为现实。

d. 我把梦想成为现实的时间确定在 20 年之后。

e. ？这场事故发生在 2000 年 10 月之后。

在上例中，框式介词结构分别出现在句首状语位置（a 项）、动词之前（b 项）、定语位置（c 项）和动词之后（d、e 项）。其中，d 项中的框式介词结构位于及物动词“确定”之后，为动词补语成分，而 e 项中的框式介词结构位于不及物动词“发生”之后，为状语成分。从（82）a 和

（82）b 看，时段类框式介词可以在动词之前和句首状语之间进行游移，而在（82）e 中，框式介词结构可以在动词“发生”前后进行游移：

（83）a. 这场事故发生在 2000 年 10 月之后。

b. 这场事故在 2000 年 10 月之后发生。

c. 在 2000 年 10 月之后，这场事故发生。

（83）c 中的表达比较拗口，较为通顺的表达方式为“在 2000 年 10 月之后，发生了一场事故”。因此，我们将时段类框式介词在句中的游移形式归纳为动词前至句首状语的移位和动词之后至动词之前的移位这两种形式。

起始类框式介词结构在句子中的分布情况如下例所示（以“2000 年起”为例）：

（84）a. 从 2000 年起，学校实行新的规章制度。

b. 学校从 2000 年起实行新的规章制度。

c. 学校确定了 2000 年起的新的规章制度。

在上例中，框式介词结构分别出现在句首状语位置、动词之前和定语位置。从 a 项和 b 项上看，该类框式介词结构可以在动词之前和句首状语之间游移。

终点类框式介词在句子中的分布情况如下例所示：

（85）a. 到目前为止，张三累计出版专著八本。

b. 张三到目前为止累计出版专著八本。

c. 今天的议题我们讲到这里为止。

d. 美国儿童到两岁为止的词汇量为 272，而到了三岁却增长至 896。（《心理语言学》桂诗春）

在上例中，终点类框式介词分别占据句中的句首状语位置、动词之前、动词之后和定语位置。从框式介词的句法分布来看，该类介词结构可以在动词之前至句首状语位置上游移，而不能从动词之后移位至动词之前：

（86）a. 到目前为止，张三累计出版专著八本。

b. 学校从2000年起实行新的规章制度。

（87）a. 今天的议题我们讲到这里为止。

b. ＊今天的议题我们到这里为止讲。

我们可以把时间类框式介词的句法分布和游移形式总结如下：

（88）

表5－3 时间类框式介词句法分布及游移形式表

介词类型	句法分布	游移形式
时段类	句首状语、动词前、动词后、定语	动词前⇌句首状语 动词后⇌动词前
起始类	句首状语、动词前、定语	动词前⇌句首状语
终点类	句首状语、动词前、动词后、定语	动词前⇌句首状语

5.3.2 时间类框式介词在句中游移的内部动因

本节对时间类框式介词在句子中的游移形式进行形式化的刻画并为其生成动因提供解释。先看时段类框式介词的情况。我们在5.3.1节中提到，该类框式介词在句子中的移位方式有两种：由动词前向句首状语的移位和由动词后向动词前的移位，如例（82）a和（82）b以及（83）a和（83）b所示，重复如下：

（89）a. 在20年之后，我的梦想成为现实。

b. 我的梦想在20年之后成为现实。

(90) a. 这场事故发生在2000年10月之后。

b. 场事故在2000年10月之后发生。

(89) 中的动词为普通不及物动词，(90) 中的动词为非宾格动词 (Perlmutter, 1978)。在 (89) 中，我们假设框式介词结构“在20年之后”基础生成于动词短语VP的标识语位置，并从此位置移位至话题投射TopP的标识语位置 (Rizzi, 1997, 2004)，具体过程如下图所示：

(91)

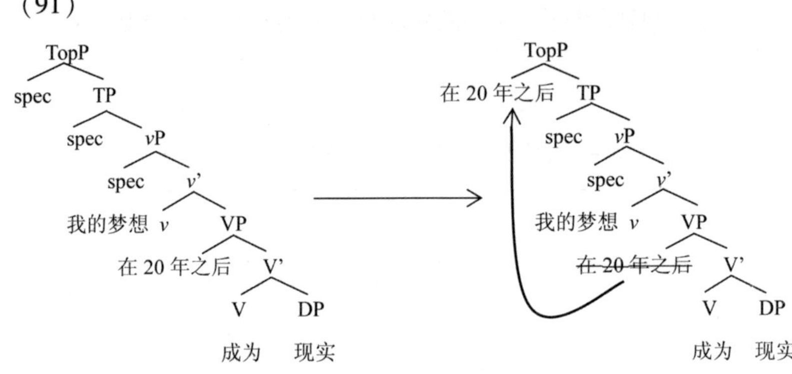

图5-11 “20年之后”提升示意图

在上图中，CP分裂为TopP投射，其标识语位置 [spec, Top] 旨在为进行提升操作的框式介词结构“在20年之后”提供落脚点。框式介词结构基础生成于 [spec, VP]，其提升移位操作在于核查中心语Top所携带的话题特征 [+top]。为了方便表达，此处省略了主语“我的梦想”向 [spec, TP] 的移位操作和动词“成为”向轻动词 *v* 的移位操作。

在 (90) 中，动词“发生”为非宾格动词。非宾格动词的典型特征在于其后可以出现宾语，但其不能授宾格。在含有非宾格动词的句子中，主语基础生成于非宾格动词的补语位置，在后续的句法运算中提升至 [spec, TP] 位置，并在这一位置得到主格。英语中典型的非宾格动词句“Several complications have arisen”的生成模式如下图所示 (Radford, 2006: 165)：

（92）

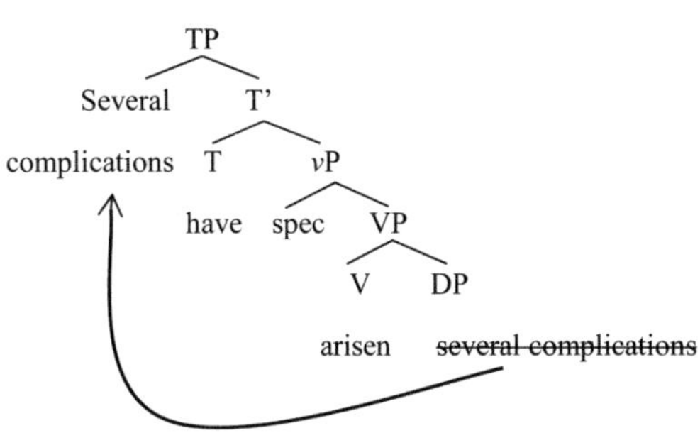

图5-12　英语非宾格动词句生成示意图

我们假设汉语非宾格动词句和英语具有相同的生成模式，即主语“这场事故”基础生成于动词“发生”的补语位置，框式介词结构“在2000年10月之后”基础生成于动词短语VP的标识语位置，（90）a的生成模式如下图所示：

（93）

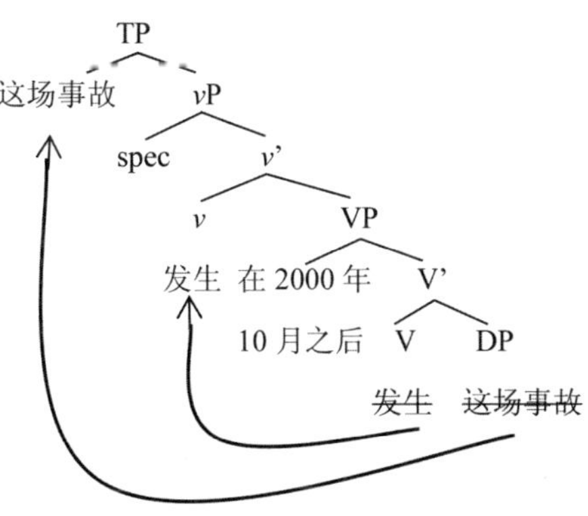

图5-13　汉语非宾格动词句生成示意图

在上图中，主语“这场事故”由动词补语的位置提升移位至TP的标识语位置，旨在获得主格，动词“发生”提升移位至轻动词v的位置，这两种移位操作所形成的语迹被运算系统删略，从而形成了“这场事故发生在2000年10月之后”这样的表层语序。(90) b的生成机制稍显复杂，如下图所示：

(94)

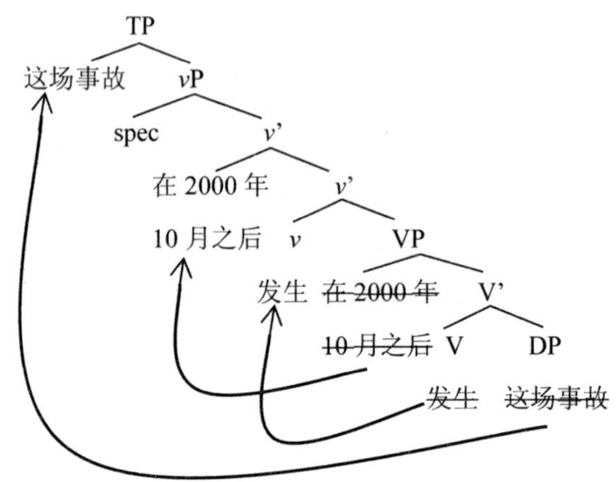

图5-14 “这场事故发生在2000年10月之后”生成示意图

在上图中，主语“这场事故”基础生成于动词的宾语位置，经提升移位至TP的标识语位置，旨在核查主格。动词“发生”基础生成于V位置，在运算过程中提升移位至轻动词 *v* 的位置，框式介词结构“在2000年10月以后”基础生成于［spec，VP］位置，后在运算过程中移位至轻动词 *v*P 的中间投射位置。移位所留下的语迹均在系统中删略，形成“这场事故发生在2000年10月之后”这一表层语序。

起始类框式介词在句子中的游移形式为由动词前至句首状语位置。相关例句重复如下：

(95) a. 从2000年起，学校实行新的规章制度。

b. 学校从2000年起实行新的规章制度。

在上例中，起始类框式介词结构的游移形式与（89）中的情况类似：即框式介词结构“从2000起”基础生成于［spec，VP］位置，并从该位置提升移位至［spec，Top］位置，旨在核查中心语Top所携带的［+top］特征。具体生成过程如下图所示：

（96）

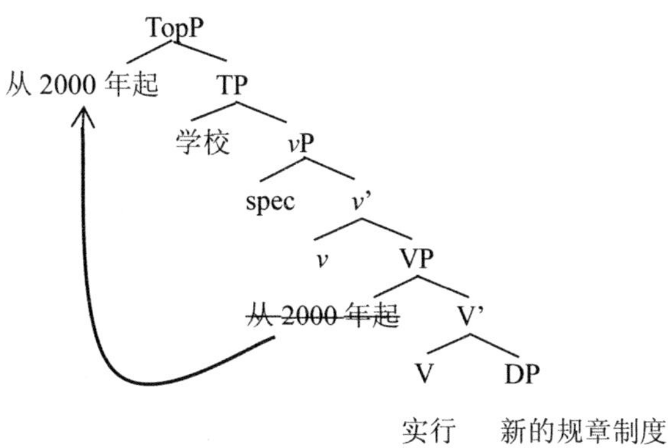

图5-15 起始类框式介词提升示意图

为了简化表达，上图中省略了主语“学校”从［spec，vP］位置至［spec，TP］位置的移位。框式介词结构“从2000年起”从［spec，VP］位置提升移位至［spec，TopP］位置，旨在核查中心语Top所携带的［+top］特征，以凸显框式介词结构的话题语义。

最后看终点类框式介词结构的生成机制。该类框式介词结构在句中的游移方式同样也是由动词前向句首状语进行移位，相关例句重复如下：

（97）a. 到目前为止，张三累计出版专著八本。

b. 张三到目前为止累计出版专著八本。

由于该类框式介词结构也是从动词前向句首状语进行移位，其生成机制与（96）一致：及框式介词结构从其基础生成的位置［spec，VP］提升移位至［spec，Top］位置，移位的动因同样在于核查中心语Top所携带的［+top］特征，凸显框式介词结构的话题语义。其生成过程如下图所示：

(98)

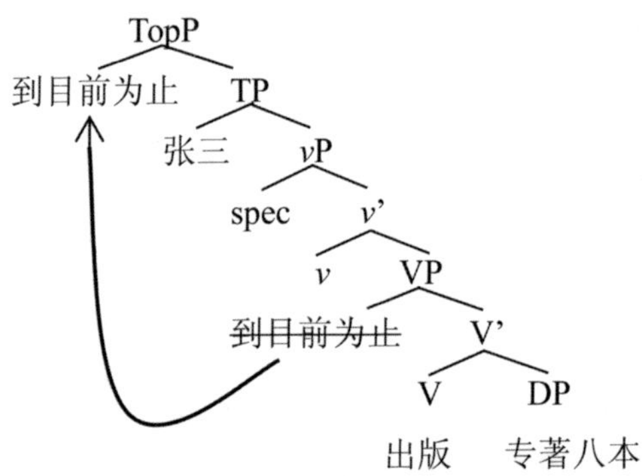

图 5－16 终点类框式介词提升示意图

同样，上图省略了主语“张三”由［spec，vP］位置到［spec，TP］位置的移位和动词“出版”由动词 V 位置向轻动词 v 的移位。框式介词“到目前为止”由［spec，VP］位置提升移位至［spec，Top］位置，形成了表层语序“到目前为止，张三累计出版专著八本”。

5.4 本章小结

本章在生成语法的理论框架下对时间类框式介词展开了研究。5.1 节旨在探索时间类框式介词的结构形式及推导机制。本节首先根据语义特征将时间类框式介词划分为时段类框式介词、起始类框式介词和终点类框式介词。接着，本节探索了时间类框式介词结构中后项的句法属性，将其分析为表达时间的“轴向部分（$AxPart_{TI}$）”，并将其结构序列归纳为“TimeP－$AxPart_{TI}$－GenP－DP”。随后本节在纳米句法的理论框架下探索了时间类框式介词结构的推导机制及生成动因。5.2 节致力于探索时间类框式介词结构中前后项的隐现规律及机制，指出时间语义特征的匹配和句法位置的因素是制约时间类框式介词结构中前后项隐现机制的重要因素。5.3 节分别讨论了时段类框式介词、起始类框式介词和终点类框式介词在句子中的句法分布和游移形式，并通过形式化的手段分别探索了这三类框式介词结构在句中游移的推导机制和内在动因。

第 6 章

非时空类框式介词研究

本章对汉语非时空类框式介词（包含比况、目的、依据、排除和对象五个小类）进行研究，用形式化的手段对该类框式介词的结构形式及推导机制进行刻画，揭示其结构中介词前项与后项成分的隐现机制，并为其句法分布及在句中的游移提供描写与解释。

6.1 非时空类框式介词的结构形式及推导机制

6.1.1 非时空类框式介词的内部分类

我们在 3.3.2 节中将汉语非时空类框式介词进一步细化为比况类、目的类、依据类、排除类和对象类五个次类，本节进一步对该类框式介词结构的句法语义特征进行描写与刻画。

先看比况类框式介词结构。该类框式介词结构中的前项一般为“跟”“同”“与”“和”等介词，后项成分一般由“一样”“一般”“似的”等构成，比如：

（1）它跟扁豆一样，喜缠绕，可在墙脚牵线作垂直绿化。（《新民晚报》，1992－7－2）

（2）林明达也待她跟亲生女儿一般，直供养她和林美玲上完高中，又一起考入这所大学。（《罗曼律师》高绪仑）

（3）那时候，他那独生女儿金玉雪还小，三九天，屋跟冰窖似的。（《金不换》顾笑言）

（4）各有关部门对待集体所有制单位应同国营单位一样，在政治上一视同仁，在经济上公平等对待。（《河北日报》，1983－5－7）

（5）西风吹到身上，她感到自己同落叶一般的寥寞。（《无声的歌女》凤子）

（6）经高频模塑机加工后的材料，表面效果与天然皮革一样。（《文汇报》，1983－12－30）

（7）当初，柳家在芙蓉湖畔住家时，与那里的农户一般，有熬“家作酒”的习惯。（《芙蓉酒》胡乃武）

（8）小辛爱笑，也爱哭，和每一个人一样，她也有苦恼，有时因此而落泪。（《天津日报》，1990－2－14）

（9）她和个骡驹子似的，拉上只顾奔。（《战地新曲》广深）

（10）他爱画画儿，他的画儿也和他人一般，很精神的，只几笔勾画，一幅人物素描就出来了。（《石门二柳》储福金）

从例（1）—（10）中可以看出，表达“比况”意义的框式介词可以由“跟……一样”“跟……一般”“跟……似的”“同……一样”“同……一般”“与……一样”“与……一般”“和……一样”“和……似的”“和……一般”等构成。此外，还有“同……似的”这一表达，比如：

（11）她也不大开口，就同影子似的，老跟住了我。（《腐蚀》茅盾）

此外，尽管“像”在现代汉语中的动词性较强，其具有和介词类似的句法表现，陈昌来（2002：199）将其划分为“比事介词”，王世群（2016）亦将其视为框式介词结构中的前项。本书也将“像”视为框式介词中的介词前项，可以组成“像……一样”“像……似的”“像……一般”等结构，具体用例如下：

(12) 像众多的新排长一样，我渴望在连队干一番事业。(《解放军报》，1991－8－11)

(13) 大客厅里吴荪甫像一头笼里的狮子似的踱了几步，狞厉的眼光时时落到那五十岁左右小胡子的脸上，带便也扫射到肃立着的其他三人。(《子夜》茅盾)

(14) 孙韵秋的话好似锋锐的刺，始终在她的耳边像针一般地扎着，扎着。(《铁花》熊佛西)

目的类框式介词结构中的前项一般是“为”和“为了”，后项成分一般是“起见”，常见的结构形式为“为……起见”和“为了……起见”，比如：

(15) 为慎重起见，梁学强特就此事给北京中国医学科学院院长吴阶平教授和福州著名老中医郑孙谋先生分别写信求教。(《男性世界的秘密》施晓宇)

(16) 为了自己的利益起见，人类应当控制自然。(《残了的蔷薇》熊慧玲)

依据类框式介词结构中的前项一般为“按”“照”“依”“据”“按照”“依照”“根据”等介词，后项成分一般为“来说”“来看”“来讲”“而言”“说”“讲”“看”等，比如以下例句：

(17) 按理说河北村依山傍水，不应是个穷地方。(《河北日报》，1990－6－22)

(18) 语言，按它的性质来说是民族的，是该民族的人民社会性地加工过的词汇和表现为用词造句的一定的规则（规律性）的语法构造。(《语言风格学的内容和任务》高名凯)

(19) 按我们今天的眼光来看，美学这门科学研究的终点，显然不止是喜剧。(《戏剧——综合的美学工程》戴平)

（20）按相声界的辈分来讲，他比我高，论年纪他大约只比我大四岁。（《侯宝林自传》侯宝林）

（21）所以按年龄讲它今年应该是四岁了。（《桃子熟》叶君健）

（22）按建筑材料看，有木屋和石屋两种类型。（《高山族风俗志》许良国、曾思奇）

（23）法律按其真正的含义而言，与其说是限制还不若说是指导一个自由而有智慧的人去追求他的真正效益。（《网络语料》，2020－8－18）

从例（17）—（23）可以看出，介词"按"可以和所有的后项成分构成"按……说""按……来说""按……来看""按……来讲""按……讲""按……看""按……而言"等框式介词结构。介词"照"也可以和上述后项成分结合，形成形式各异的框式介词结构：

（24）照这个定义来说，一个人的衣服，家具，甚至自己住的房屋都不算是私有财产。（《宪法平议》何永佶）

（25）照近来美国政府的措施来看，罗斯福对于华伦教授等人的主张，似乎发生了失望和厌倦，颇有心回意转，倾向正统的货币观念的趋势。（《最近美国货币政策之趋势》张兹）

（26）照仁的表现来讲，它一定要就看这些不同的境况，比如对父母、对朋友、对兄弟……这些不同的境况，在这些不同的境况中它总是在一个弹性的过程中表现。（《中国哲学十九讲》牟宗三）

（27）打字机的字臂，照现在的结构而言，似乎是理所当然的形式，可是当时在设计时，却使邵尔斯伤透脑筋。（《网络语料》，2017－10－21）

（28）照理说，在实现农业合作化以后，应当针对遗留下来的一些问题，用相当一段时间进行妥善处理，切实保护农民的经济利益不受侵犯，并集中力量发展、壮大集体经济，使农民从中得到

实惠，促进合作制的巩固、完善。(《中国农村经济改革研究》闵耀良、李炳坤)

(29) 照常识讲，只有生物才能有意识地发出动作，“红旗”和“风”不是生物，怎么能够是动作的主体呢？(《现代汉语语法探索》胡附、文炼)

(30) 照我看，虽有争论，但他们的论文和发言都是比较有思想、有见解的。(《文艺大趋势》何西来)

从例（24）—（30）可知，介词“照”可以形成“照……来说”“照……来看”“照……来讲”“照……而言”“照……说”“照……讲”“照……看”等框式介词结构。此外，“照”还可以和“说来”结合，比如：

(31) 照这样说来，价值的绝对标准，岂不是果然有的么？(《哲学大纲》周辅成)

同样，“依”“据”“按照”“依照”“根据”等介词一般也都可以和上述后项成分结合，形成数量庞大的依据类框式介词结构，比如“依……来说”“依……来看”“依……来讲”“据……来说”“据……来讲”“据……来看”“据……讲”“按照……来说”“按照……来看”“按照……来讲”“按照……讲”“按照……说”“依照……来讲”“依照……来看”“依照……来说”“根据……来说”“根据……来看”“根据……来讲”等等。

排除类框式介词结构中的前项一般是“除”“除了”“除开”“除去”“除却”等介词，后项成分一般是“之外”“外”“以外”“而外”等成分，比如：

(32) 除竹木简之外，还有《侯马盟书》《鄂君启节》之类的发现。(《中国历史研究法》赵光贤)

(33) 除雨伞外，含酒精的饮料、小旗杆等都被列为禁止携带之列。

（《天津日报》，1990－6－19）

（34）除这两点以外，心理小说在艺术上还有许多故事小说和性格小说所不可能具备的特长，它们是对艺术的很必要的补充。（《中国八十年代文学现象研究》曹文轩）

（35）除她而外，另外三个人都参加了，顾问换成一个文武双全又结了婚的排长担当。（《船的陆地》刘兆林）

从例（32）—（35）可知，“除”可以和上述后项成分结合，形成“除……之外”“除……外”“除……以外”和“除……而外”等框式介词结构。此外，“除了”也可以形成“除了……之外”“除了……以外”“除了……外”和“除了……而外”等框式介词结构。“除开”可以形成“除开……以外”“除开……外”“除开……之外”和“除开……而外”等框式介词结构。“除去”可以形成“除去……之外”“除去……外”“除去……以外”和“除去……而外”等框式介词结构。“除却”也可以和上述后项成分结合，形成“除却……之外”“除却……外”“除却……以外”和“除却……而外”。

最后看对象类框式介词结构。该类介词结构中的前项一般由“在”“就”“拿”“对”“对于”等介词充当，后项成分一般为“说”“看”“讲”“来说”“来看”“来讲”“说来”“而言”“而论”等，比如下列例句.

（36）丁庄食品厂生产纸盒快餐，这在北戴河来说还是首次。（《河北日报》，1985－5－9）

（37）就近年来反响较大的一些作品看，追求逼肖的真实，重视细节的作用，强调人与社会历史的双向渗透，着意人物性格的刻画，应该说是现实主义创作方法长期形成的传统。（《文汇报》，1991－4－17）

（38）就这一点说，许多下级的同志，往往比上级高明。（《历史是人

民创造的》江虹)

(39) 就此意义讲，基层党支部也可以说是一种特殊的学校。(《马克思主义党学》赵云献)

(40) 就人的全部生活内容来看，精神生活是主要的。(《教育学》刘寿祺)

(41) 但就当前和今后一个时期来说，是要开创中国四化建设的新局面。(《河北日报》，1982－5－2)

(42) 就每一个人来讲，可以说都是难得的人才，都是“尖子”，都曾经在自己的工作中取得了很大的成绩。(《领导心理学》王春福)

(43) 故就商品的观点说来，谷米的贮藏超过了相当的时间，则价格和品位必有差落之虞。(《工业经济学》祝慈寿)

(44) 就工业企业效益而言，我国的大中型企业从整体上来看的确还没有摆脱“速度效益型”的怪圈。(《经济日报》，1991－6－24)

(45) 就学习期限而论，有规定其最低期限和最高期限的，亦有仅规定最高期限的。(《工业经济学》祝慈寿)

例（36）中的框式介词为“在……来说”，例（37）—（45）则表明“就”可以和上述所有后项成分构成框式介词结构：“就……看”“就……说”“就……讲”“就……来看”“就……来说”“就……来讲”“就……说来”“就……而言”“就……而论”等。其他介词也可以与后项成分结合而形成数量庞大的框式介词结构，比如“拿……说”“拿……讲”“拿……来说”“拿……来讲”“对……来说”“对……说来”“对……而言”“对……来讲”“对……而论”“对于……来说”“对于……来讲”“对于……而言”“对于……而论”“对于……说来”等等。

现将汉语非时空类框式介词的类型及结构表现总结如下：

表6-1 汉语非时空类框式介词类型表

	结构类型	结构表现
非时空类框式介词	比况类	“跟……一样”“跟……一般”“跟……似的”“同……一样”“同……一般”“与……一样”“与……一般”“和……一样”“和……似的”“和……一般”“同……似的”“像……一样”“像……似的”“像……一般”等等。
	目的类	“为……起见”“为了……起见”等等。
	依据类	“按……说”“按……来说”“按……来看”“按……来讲”“按……讲”“按……看”“按……而言”“照……来说”“照……来看”“照……来讲”“照……而言”“照……说”“照……讲”“照……看”“照……说来”“依……来说”“依……来看”“依……来讲”“据……来说”“据……来讲”“据……来看”“据……讲”“按照……来说”“按照……来看”“按照……来讲”“按照……讲”“按照……说”“依照……来讲”“依照……来看”“依照……来说”“根据……来说”“根据……来看”“根据……来讲”等等。
	排除类	“除……之外”“除……外”“除……以外”“除……而外”“除了……之外”“除了……以外”“除了……外”“除了……而外”“除开……以外”“除开……外”“除开……之外”“除开……而外”“除去……之外”“除去……外”“除去……以外”“除去……而外”“除却……之外”“除却……外”“除却……以外”“除却……而外”等等。
	对象类	“在……来说”“就……看”“就……说”“就……讲”“就……来看”“就……来说”“就……来讲”“就……说来”“就……而言”“就……而论”“拿……说”“拿……讲”“拿……来说”“拿……来讲”“对……来说”“对……说来”“对……而言”“对……来讲”“对……而论”“对于……来说”“对于……来讲”“对于……而言”“对于……而论”“对于……说来”等等。

6.1.2 非时空类框式介词的结构形式

学界对汉语非时空类介词的相关研究较为零散，常见于专家学者对于特定介词类型的研究论文中，比如张云峰（2013）、刘艳萍（2003）、韩书庚（2020）、祁艳红、彭爽（2013）、李琦（2014）、吕志敏（2008）、王智杰（2006）、吴仲华（2005）、张静（2005）、于惠（2009）等关于比况类介词结构的研究；邓雅（2016）、李计伟（2006）、王凤兰（2007，2008）、韩明珠（2016）、杨黎黎（2020）等对目的类介词结构的研究；孔畅（2019）、张成进（2016）、顾洁（2016）、辛勤英（2014）等对依据类介词结构的研究；姜婧茹（2018）、程亚恒（2017）、刘卫（2013，2015）、岳中奇（2016）、张成进（2015）、殷志平（1999）、郑懿德、陈亚川（1994）、肖奚强（1996，2004）等关于排除类介词结构的研究；陈卓（2010）、刘志远（2012）、马贝加（1997）、徐枢（1984）、刘顺（1998）、王蕊（2004）、许国萍（2004）、周芍、邵敬敏（2006）、杨丹毅（2007）、陈昌来、杨丹毅（2009）等关于对象类介词结构的研究。本章将汉语非时空类框式介词结构视为一个整体，努力发掘比况类、目的类、依据类、排除类和对象类框式介词在结构方面的共性，并通过形式化的手段对该类框式介词结构进行刻画与表征。

6.1.2.1 非时空类框式介词结构中后项成分的句法属性

在本书的4.1.2节，我们将方所类框式介词结构中的后项成分（方位词、准方位词等）分析为“轴向部分（AxPart）”，其功能在于指明物体间相对的位置关系。比如在“在桌子上”中，方位词“上”指明了其他物体和“桌子”之间的位置关系。在5.1.2节，我们将时间类框式介词结构中的后项成分分析为表达时间关系的“轴向部分（$\text{AxPart}_{\text{TI(ME)}}$）”，其功能在于凸显相对的时间关系。比如在“在五点以后”中，后项成分“以后”凸显了“五点以后”这一时间和“五点”之间的时间关系。本节对非时空类框式介词结构的后项成分进行研究，旨在明晰其语法功能，并确定其具体的句法位置。

从句法表现上看，非时空类框式介词结构中的后项成分仍然是粘附性的，其不能单独使用，这一点和普通名词之间具有显著的差异。比如比况类框式介词结构中的“似的”“一般”“一样”等，目的类框式介词结构中的“起见”，依据类框式介词结构中的“来讲”“来说”“来看”“而言”等，排除类框式介词结构中的“外”“之外”“以外”“而外”等，对象类框式介词结构中的“来说”“说来”“来讲”“而言”“而论”等成分，均不能独立地在句中出现，比如：

(47) a. 同疯子一样　疯子一样　＊一样
b. 为了安全起见 安全起见　＊起见
c. 按照常理来说 常理来说　＊来说
d. 除了张三之外 张三之外　＊之外
e. 就这件事而言 这件事而言 ＊而言

上例a－e项依次展示了比况类、目的类、依据类、排除类和对象类框式介词结构中后项成分的句法表现。(47) 显示，后项成分“一样”“起见”“来说”“之外”和“而言”可以与名词性成分共现，而不能独立存在，这一点与方所类框式介词结构和时间类框式介词结构中的后项成分的句法表现一致，比如：

(48) a. 在路灯之下 路灯之下 ＊之下　　(方所类框式介词)
b. 在五点之后 五点之后 ＊之后　　(时间类框式介词)

在语义功能方面，尽管非时空类框式介词结构中的后项成分不具有明显的凸显方所和时间关系的语法功能，而且在语义更为虚化（比如“说来”“来说”“而言”等），其仍然具有凸显抽象关系的语法功能。比如：

(49) a. 同疯子一样　　　(比况类框式介词)

b. 为了安全起见　　（目的类框式介词）

c. 按照常理来说　　（依据类框式介词）

d. 除了张三之外　　（排除类框式介词）

e. 就这件事而言　　（对象类框式介词）

在上例中，a 项中的后项成分“一样”揭示了某人和“疯子”之间的关系，强调了其与“疯子”之间的相似之处。b 项中的后项成分“起见”则凸显了目的对象，指明“安全”与其他方面的关系，强调了“安全”的重要性。c 项中的后项成分“来说”凸显了依据对象，强调是按照“常理”来说，而不是按照其他的规章条例来说，因此从更为抽象的层面凸显了“常理”与其他事物之间的语义关系。d 项将“张三”排除在外，因此指明了“张三”和其他人物的关系。后项成分“之外”则凸显了“排除”这一语义。e 项中的后项成分“而言”凸显了谈论对象，将“这件事”作为话题中心来讨论，因此在抽象层面指明了“这件事”和其他事件的语义关系。

因此，非时空类框式介词结构中的后项成分具有凸显被介引成分的语义功能，从而将被介引的成分与其他成分区别开来，在更为抽象的层面上折射出被介引成分与其他成分之间的相对关系。

在与前项介词的关系方面，非时空类框式介词结构中的后项成分表现出与方所类框式介词和时间类框式介词结构中的后项成分相似的句法表现。在方所类和时间类框式介词结构中，某些后项成分可以和前项介词结合，形成较为凝固的词汇形式，比如：

（50）在……前→在前　在……后→在后　在……旁→在旁　从……中→从中

（51）在……前→在前　在……后→在后　自……始→自始　从……以来→从来

例（50）是方所类框式介词的情况。后项成分与前项介词所形成的

“在前”“在后”“在旁”“从中”等已经成为较为凝固的词汇形式，可以自由使用，比如：

（52）播种时女子在前，手持竹制的小锄打洞点种，男子在后用扫帚平土，祈求丰收。（《中国少数民族宗教》宋思常）

（53）八月二十三日，一一五师主力赶到离平型关三十余里的冉庄地区隐蔽，部队在那里进行了政治动员，各级党组织召开会议，讨论如何打击敌人，保证战斗胜利，共产党员们表示要“冲锋在前，退却在后”。（《卢沟桥事变前后》沈继英、柳成昌）

（54）刘找店主理论，在旁的服务员有的说：“收3角钱算啦！”（《羊城晚报》，1987－12－19）

（55）毛泽东同志永远生活在我们中间，我们要认真学习他的科学著作，从中汲取智慧和力量。（《人民日报》，1993－12－30）

例（51）是时间类框式介词的情况。后项成分与前项介词所形成的“在前”“在后”“自始”和“从来”等也可以独立地表达时间语义，比如：

（56）李宗仁以与吴尚鹰有约在前，坚欲等他同行，于是相偕从Storchen饭店迁到郊区小住。（《政坛回忆》程思远）

（57）他说：汉比过去好，汉在“百代之上”理由就是汉在后。（《中国高等教育史》熊明安）

（58）人生自始就不能离群索居抵御风雨寒暑的压迫，满足个人生活的需要，都须与他人发生关系；且常常须与他人通力合作，以达到生存的目的。（《社会学原理》孙本文）

（59）所以，他从来不把自己凌驾于职代会之上。（《河北日报》，1985－5－9）

在非时空类框式介词结构中，某些后项成分也可以和前项介词形成相对独立的凝固性成分，比如：

（60）像……似的→相似　同……一样→同样　按……说→按说
据……说→据说　照……说→照说　除……（之）外→除外

上例中的“相似”“同样”“按说”“据说”“照说”和“除外”等成分已经固化，可以独立使用，比如：

（61）随后，团里又派人到战士原籍较集中的几个县、市调查，结果也很相似。（《解放军报》，1989－5－4）

（62）那些没有一技之长的协会会员也同样为残疾人作出奉献。（《人民日报》，1992－5－3）

（63）按说，管理这些“国宝”的人，是最了解它们无比珍贵的价值的。（《羊城晚报》，1984－6－3）

（64）据说，我们的祖先自从吃到了盐，体力增强了，眼睛明亮了，大脑也发达了。（《河北日报》，1991－10－26）

（65）照说，谷昕作为党组成员，执行党组决议该义不容辞吧？（《立体交叉战争》星城）

（66）我就不爱看这个——自然，金子，你除外。（《原野》曹禺）

通过句法表现、语义功能和与前项介词的关系来看，非时空类框式介词结构中的后项成分与方所类框式介词结构和时间类框式介词结构中的后项成分之间具有较多的相似之处。我们在第4章和第5章分别将方所类框式介词结构和时间类框式介词结构中的后项成分分析为“轴向部分（AxPart）”和表示时间语义的“轴向部分（$AxPart_{TI(ME)}$）”。由于非时空类框式介词结构中的后项成分与方所类框式介词结构和时间类框式介词结构中的后项成分之间存在较多的相似之处，而且其具有凸显介引对象话题信息的语义功能，我们将其分析为表达话题信息的“轴向部分”，用符号表示为

"$AxPart_{TOP(IC)}$"。我们可以将汉语框式介词结构中后项成分的句法地位总结如下：

表6-2 汉语框式介词后项成分句法地位表

框式介词类型	句法地位	符号标记	语义功能
方所类	"轴向部分"（方所）	AxPart	凸显相对位置关系
时间类	"轴向部分"（时间）	$AxPart_{TI}$	凸显相对时间关系
非时空类	"轴向部分"（话题）	$AxPart_{TOP}$	凸显话题语义信息

6.1.2.2 非时空类框式介词结构的句法表征

我们在第4章和第5章分别将方所类框式介词结构和时间类框式介词结构的结构形式表示如下：

（68）a. 介词 + AxPart + GenP + DP （方所类框式介词结构）

b. 介词 + $AxPart_{TI}$ + GenP + DP （时间类框式介词结构）

如上例所示，表示方所语义和时间语义的"轴向部分"直接受介词支配，这为二者的凝固成词提供了结构上的便利（见6.1.2.1节中的讨论）。GenP的存在为结构助词"之"和"以"等提供位置，比如"在桌子之上""在五点以后"等。DP为框式介词的介引对象。我们在上一节将非时空类框式介词结构中的后项成分分析为凸显话题语义的"轴向部分"，指出了其与"AxPart"和"$AxPart_{TI}$"之间所存在的相似之处。尽管大多数非时空类框式介词结构部中的后项成分与介引对象之间不存在显性的领属关系（比如"和……似的""就……而言"等），我们仍然可以从某些结构中得到启发。比如在排除类框式介词结构中，某些后项成分包含结构助词"之"和"以"：

（69）a. 除了……之外

b. 除了……以外

在英语和日语中，表达排除语义的介词结构也可以和表达属格语义的结构标记连用，比如以下例句：

(70) With the possible exception of the Beatles, no other band has become so successful so quickly.（有道在线词典例句）

(71) 小さな家のほかには、財産らしいものは何もない。（有道在线词典例句）

‘除了这个小小的家，就再也没有一样像样的东西了。’

在例（70）中，“with the exception of”表示“除了……之外”，其中的介词“of”表示领属语义。在（71）中，“のほかに（除了……之外）”中含有表示领属语义的结构助词“の”。从语言的普遍性和分析的一致性等方面综合考量，我们相信汉语非时空类框式介词结构中同样含有表达领属语义的 GenP 投射。因此，非时空类框式介词的结构形式可以分析如下：

(72) 介词 + $AxPart_{TOP}$ + GenP + DP　　（非时空类框式介词结构）

上例将非时空类框式介词结构分析为与方所类框式介词结构和时间类框式介词结构相平行的结构模式：$AxPartT_{TOP}$表示凸显话题语义的“轴向部分”，GenP 表示属格投射，DP 为介引对象。因此，含有显性属格标记的排除类框式介词“除……之外”和不具有显性属格标记的“就……而言”等结构可以表示如下：

(73) a.　　　　b.

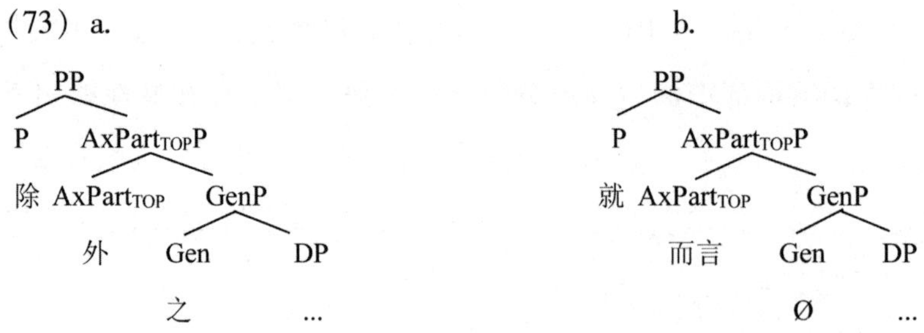

图 6－1　“除……之外”和“就……而言”结构图

如上图所示，非时空类框式介词按照“PP + $AxPart_{TOP}P$ + GenP + DP”的层级性模式进行表征，$AxPart_{TOP}$是后项成分的落脚点，而 Gen 为结构助词“之”和“以”提供结构位置，其表层语序通过句法运算推导生成。

6.1.3 非时空类框式介词的生成机制及动因

和方所类与时间类框式介词不同，非时空类框式介词结构中的介词前项在类别上较为丰富，分为比况类、目的类、排除类、依据类和对象类五个小类，这些介词在结构上较为简单，除了某些由单音节介词并立而成的“按照”“依据”“依照”等之外，大多由单音节介词构成，并且携带特定的语义特征，比如比况类、目的类、排除类、依据类和对象类介词分别携带比况语义特征［+comp（arative）］、目的语义特征［+obje（ctive）］、排除语义特征［+excl（usive）］、依据语义特征［+basic］和对象语义特征［+target］。比如表示“依据”语义的介词“按”和“按照”可以分别表示如下：

（74）a. b.

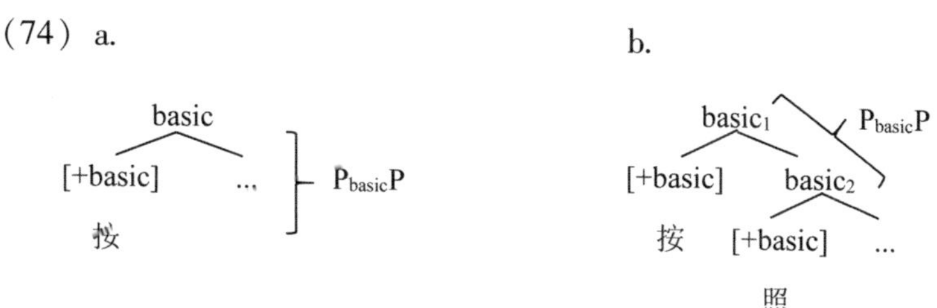

图 6－2 “按”和“按照”语义特征图

由上图所示，（74）a 中具有单一的依据语义特征［+basic］，系统将这一特征拼出为单音节介词“按”，而（74）b 中有两层［+basic］特征，系统将其整体拼读为双音节介词“按照”。下面我们以排除类框式介词结构“除张三之外”为例，具体揭示非时空类框式介词结构的生成机制及形成动因。

在进行句法推导之前，结构“除张三之外”按照“介词 + $AxPart_{TOP}$ + GenP + DP”的形式进行结构表征。运算系统按照纳米句法的运算模式逐步进行结构推导。介词及其后续成分在独立的工作空间中完成运算推导，介词“除”的生成过程如下图所示：

(75)

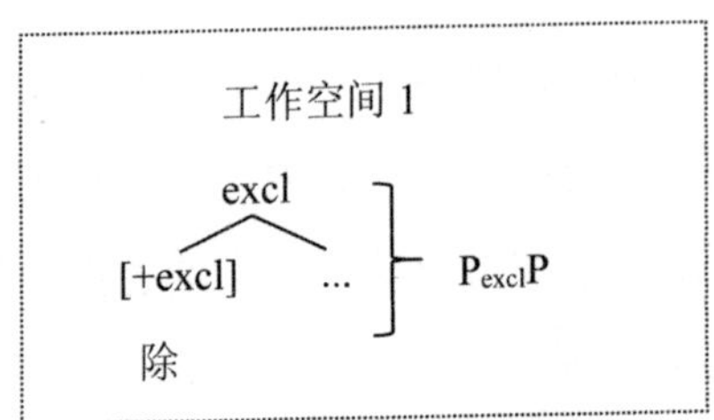

图 6-3 “除”生成示意图

在工作空间 1 中，运算系统将排除语义特征［+excl］拼出为介词“除”。介引对象及后项成分在工作空间 2 中进行句法推导，具体过程为：DP“张三”首先与 Gen“之”进行合并，形成“之张三”结构，然后运算系统在词库中核查是否存在这一词汇项目。由于词库中并不存在这样的词汇项目，Gen“之”进行提升，形成“张三之”这样的结构，这一过程如下图所示：

(76)

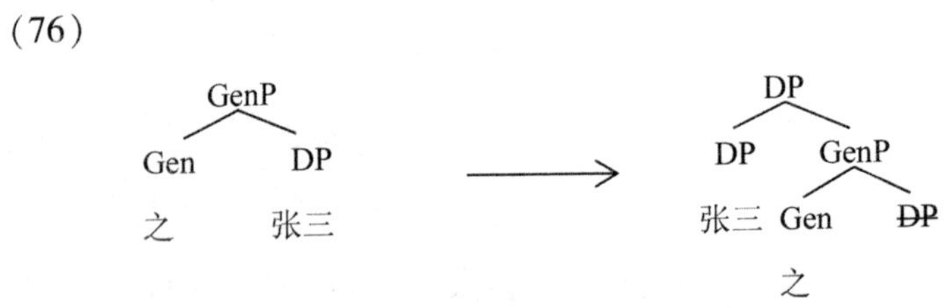

图 6-4 “张三之”生成示意图

接着，运算系统将“张三之”与 $AxPart_{TOP}$ 合并，生成“外张三之”这一结构，并在词库中进行核查。由于词库中不存在“外张三之”这样的词汇项目，DP“张三”首先进行循环移位，生成“张三外之”这样的结构。此时，运算系统再次在词库中进行核查。由于词库中仍然不存在“张三外之”这样的结构，DP“张三”的循环移位被取消，DP－DenP“张三之”进行整体移位，生成“张三之外”这一结构。这一过程如（77）—（78）所示：

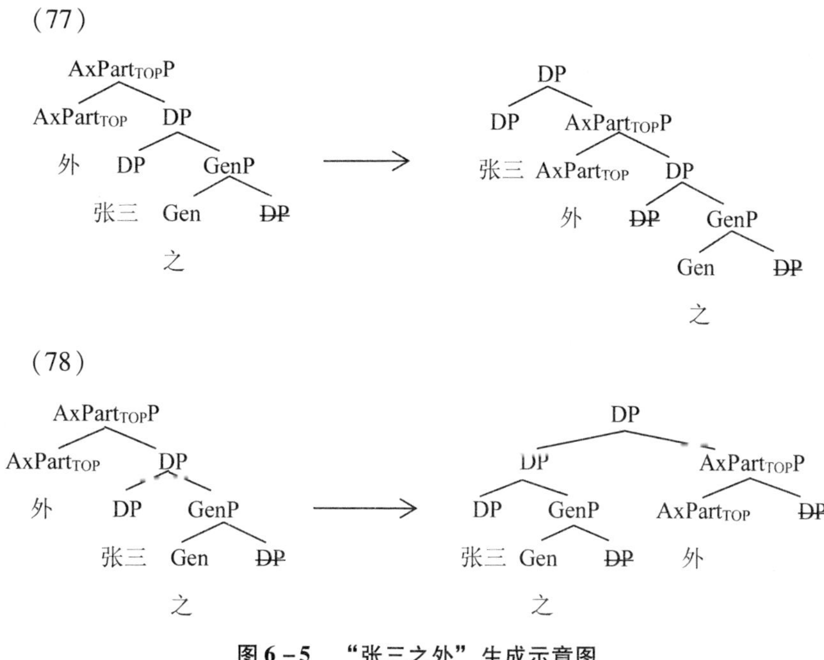

图 6－5　“张三之外”生成示意图

在形成“张三之外”这一结构之后，运算系统继续在词库中进行核查，并找到与之匹配的词汇项目。此时，运算系统通过短语拼出的方式将（78）中的结构整体拼出为“张二之外”。最后，在工作空间 1 中生成的介词“除”和“张三之外”进行合并，生成框式介词结构“除张三之外”，这一过程如下图所示：

（79）

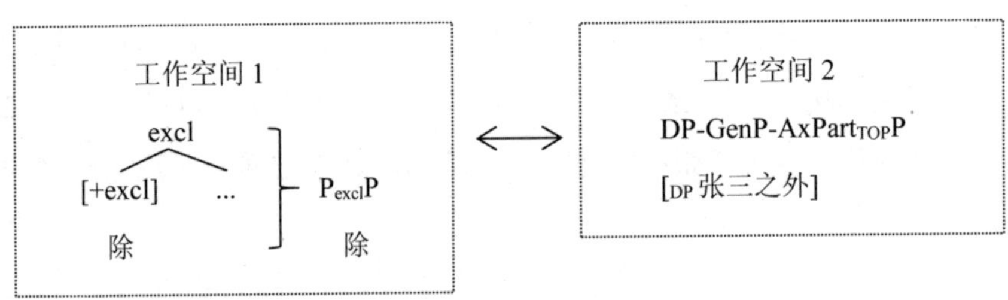

图 6－6 “除张三之外”生成示意图

如上图所示，运算系统将位于工作空间 1 中的排除语义特征［＋excl］拼出为介词排除类“除”，并将其与在工作空间 2 中生成的“张三之外”进行合并，最终生成排除类框式介词结构“除张三之外”。除了排除类框式介词结构之外，比况类、目的类、依据类和对象类框式介词结构均按照同样的方式进行推导生成。不同的是，排除类框式介词结构中的 Gen 位置由“之”“以”“而”等结构助词占据，而在比况类、目的类、依据类和对象类框式介词结构中，Gen 位置由空成分 Ø 占据。

6.2 非时空类框式介词前后项隐现机制研究

6.2.1 非时空类框式介词结构中后项成分的隐现规律及动因

本节依次探索比况类、目的类、依据类、排除类和对象类框式介词结构中后项成分的隐现规律及机制。首先看比况类框式介词的情况，请看以下例句：

（80）a. 邓大姐和周总理一样，时时处处为国家着想，为人民着想。（《解放日报》，1992－7－16）

b. 因为老金头姓金，长得又跟墨一般黑，所以，就给他取了个外号金不换。(《金不换》顾笑言)

c. 与任何其他技术一样，法矫正也容易出现手段和目的分离。(《当代西方法学思潮》张文显)

d. 她也不大开口，就同影子似的，老跟住了我。(《腐蚀》茅盾)

在上例的各项中，比况类框式介词结构中的后项成分均不可隐去，比如以下表达均不合法：

(81) a. ＊邓大姐和周总理，时时处处为国家着想，为人民着想。

b. ＊因为老金头姓金，长得又跟墨黑，所以，就给他取了个外号金不换。

c. ＊与任何其他技术，法矫正也容易出现手段和目的分离。

d. ＊她也不大开口，就同影子，老跟住了我。

从表面上看，“像……一样”与其他比况类框式介词结构的情况有所不同，比如在下列例句中，框式结构中的后项成分可以隐去：

(82) a. 舞龙要演得像真龙一样，变成人民心里的东西，人民才能喜欢。(《舞蹈基础知识》吴晓邦)

b. 舞龙要演得像真龙，变成人民心里的东西，人民才能喜欢。

(83) a. 在这样情形之下，分队长感到了焦头烂额，急得像热锅上的蚂蚁一样。(《牛全德与红萝卜》姚雪垠)

b. 在这样情形之下，分队长感到了焦头烂额，急得像热锅上的蚂蚁。

从表面上看，上述两例中的后项成分可以隐去。但从句法表现上说，上述两例中的“像”更像是动词，其与后项成分“一样”所构成的结构不是真正的框式介词结构。在由介词“像”所构成的框式介词结构中，后项成分同样难以隐去：

(84) a. 如像苏格拉底以其人格就可以像基督教徒一样的得救。(《基督教哲学》尹大贻)

b. *如像苏格拉底以其人格就可以像基督教徒的得救。

因此可以说，在比况类框式介词结构中，后项成分一般均不能隐去。

在目的类框式介词结构“为了……起见”和“为……起见”中，前者的后项成分“起见”一般可以隐去，后者的后项成分一般不能隐去，请看以下例句：

(85) a. 科威特队由于处在参加复赛之初的阶段，为了稳妥起见，它前面的几场比赛，一定要全力以赴，势夺先声。(《中国青年报》，1981-10-17)

b. 科威特队由于处在参加复赛之初的阶段，为了稳妥，它前面的几场比赛，一定要全力以赴，势夺先声。

(86) a. 为小心起见，对病人须加意看护，要绝对安静，不要吃固形食物，以防万一。(《伤寒》余在学)

b. *为小心，对病人须加意看护，要绝对安静，不要吃固形食物，以防万一。

例（85）和（86）的区别在于，“为了”携带了体标记“了”，其比“为”表现出更强的动词性特征。

在依据类框式介词结构中，后项成分“讲”“看”“说”“来讲”“来看”“来说”等一般均可隐去，比如：

(87) a. 按照银行信贷的一般原理来说，贷款必然分解为现金和存款。(《中国经济体制改革概论》李忠凡)

b. 根据资本主义的本性来讲，这种生产力的提高和新技术的采用，是不平衡的。(《世界民主政治的新趋势》)

c. 自从武汉弃守，宜昌震动，依照我们的习惯来看，这条仅有的公路，除了可以供给使宜昌物价高涨的难民而外，对宜昌人，也就不起什么作用了。(《由宜昌徒步到施南》绪君)

d. 照这个定义来说，一个人的衣服·家具·甚至自己住的房屋都不算是私有财产。(《宪法平议》何永信)

在上例各项中，依据类框式介词结构中的后项均可以隐去：

(88) a. 按照银行信贷的一般原理，贷款必然分解为现金和存款。

b. 根据资本主义的本性，这种生产力的提高和新技术的采用，是不平衡的。

c. 自从武汉弃守，宜昌震动，依照我们的习惯，这条仅有的公路，除了可以供给使宜昌物价高涨的难民而外，对宜昌人，也就不起什么作用了

d. 照这个定义，一个人的衣服·家具·甚至自己住的房屋都不算是私有财产。

依据类框式介词结构中的后项成分可以隐去，这和其前项介词的语法化程度不够高有关。“按照”“依据”“依照”“照”等介词尚保留着较强的动词特性，这一点和“像”和“为了”的情况类似。

排除类框式介词结构中的前项一般由“除了”“除开”“除却”和“除”构成，其中“除了”“除开”“除却”的语法化程度较低，允许其后项成分隐去。而“除”的语法化程度较高，一般不允许其后项成分隐去，比如（89）—（90）：

(89) a. 除了技术条件之外，关键的原因是中国经济相当落后，工业基础十分薄弱，人民生活普遍贫困。(《中国电视史》郭镇之)

b. 也许是兴奋的情绪刺激了他的精神，除开瘦弱之外，看不出

什么病态来。(《春草》靳以)

c. 然而除却那特有的个性之外，他们受思想与环境的迫促，却也有他们的相同之点。(《三位黑衣僧》王统照)

(90) a. 除了技术条件，关键的原因是中国经济相当落后，工业基础十分薄弱，人民生活普遍贫困。

b. 也许是兴奋的情绪刺激了他的精神，除开瘦弱，看不出什么病态来。

c. 然而除却那特有的个性，他们受思想与环境的迫促，却也有他们的相同之点。

相比之下，“除……之外”结构中的后项成分一般不能隐去，比如：

(91) a. 除竹木简之外，还有《侯马盟书》《鄂君启节》之类的发现。(《中国历史研究法》赵光贤)

b. *除竹木简，还有《侯马盟书》《鄂君启节》之类的发现。

最后看对象类框式介词结构中后项成分的隐现情况。该类框式介词中的前项介词在语义上较为虚化，其功能在于提出所讨论的话题。因此，该类框式介词结构中的后项成分一般不能隐去，请看（92）—（93）中的例句：

(92) a. 就此意义来讲，“在工人阶级和资产阶级旧社会之间并没有一道万里长城”。(《马克思主义党学》赵云献)

b. 拿鸟类来说吧，原有344种，现已灭绝近一半。(《中国青年报》，1991－6－4)

c. 对他们来说，自留地里的劳动是一种美好的享受，一种有意义的嗜好。(《解放日报》，1985－9－27)

d. 对于起义的农民来说，这确实是一个悲剧。(《蒯伯赞同志十年祭》李洪林)

(93) a. ＊就此意义，“在工人阶级和资产阶级旧社会之间并没有一道万里长城”。

b. ＊拿鸟类吧，原有 344 种，现已灭绝近一半。

c. ＊对他们，自留地里的劳动是一种美好的享受，一种有意义的嗜好。

d. 对于起义的农民来说，这确实是一个悲剧。

可以看出，当该类框式介词结构中的后项成分隐去时，句子不合语法或可接受度较低。我们可以将非时空类框式介词结构中后项成分的隐现情况总结如下：

(94)

表 6－3　非时空类框式介词后项成分隐现情况表

框式介词类型	介词前项	语法化程度	句法特征	后项隐现情况
比况类	跟、同、和、与	高	介词性强	必现
	像	低	动词性强	可隐
目的类	为	高	介词性强	必现
	为了	低	动词性强	可隐
依据类	按、照、依、据、按照、依照、根据	低	动词性强	可隐
排除类	除	高	介词性强	必现
	除了、除开、除却	低	动词性强	可隐
对象类	在、拿、就、对、对于	高	介词性强	必现

可以看出，非时空类框式介词结构中介词语法化程度的高低直接决定着其后项成分可否隐去。当介词的语法化程度较高时，介词的语义较为虚化，无法为其后项成分提供具体的语义角色，因此当后项成分隐去时，表达显得拗口。而诸如“来说”“来讲”“来看”等后项成分具有较为具体

的语义信息，能够帮助介词表达完整的语义信息。当介词的语法化程度较低时，介词表现出较为明显的动词性特征，能够为其后的名词性成分指派具体的语义角色，无论后项成分是否存在，表达均显得文从字顺。我们可以把非时空类框式介词结构中后项成分的隐现机制表示如下：

(95)

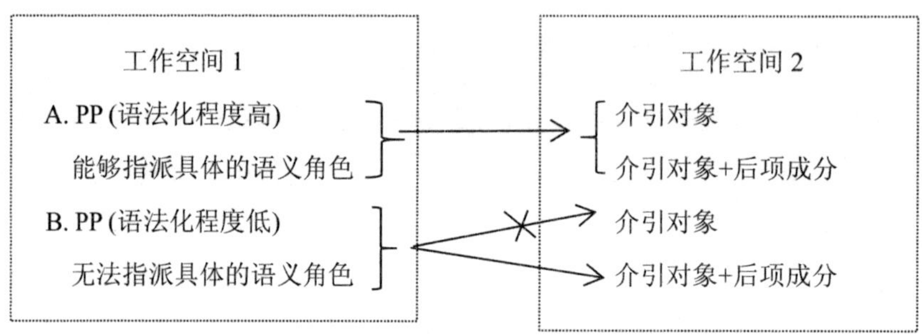

图 6－7　非时空类框式介词后项成分隐现机制图

因此，介词的语法化程度在形式上决定了非时空类框式介词结构中后项成分的隐现模式，而语义信息完整准确地表达是后项成分显现的内在动因。

6.2.2　非时空类框式介词结构中介词的隐现规律研究

本节依次考察比况类、目的类、依据类、排除类和对象类框式介词结构中介词的隐现规律。先看比况类框式介词的情况，请看以下例句：

(96) a. 结果，他和群众一样，花钱雇车拉料，盖起五间房。(《河北日报》，1982－12－21)

b. 车夫从泥坑爬出来，弄得和个小鬼似的，满脸泥污，……(《呼兰河传》萧红)

c. 他朝出晚归，也和菊溪一样。(《红豆》曼陀罗)

d. 谁都没有同黑丽一样的福气！(《处女地》马宁)

上例显示，比况类框式介词可以出现在动词之前 (a 项)、动词之后

(b项)、句末状语位置、定语位置(d项)。除了定语位置,其他位置均不允许框式介词中的介词隐去:

(97) a. *结果,他群众一样,花钱雇车拉料,盖起五间房。

b. *车夫从泥坑爬出来,弄得个小鬼似的,满脸泥污,……

c. *他朝出晚归,也菊溪一样。

d. 谁都没有黑丽一样的福气!

在上例a项和c项中,比况类框式介词在句子中作状语成分。尽管名词作状语的情况在古汉语中较为常见,在现代汉语中,除了时间名词和地点名词可以作状语之外,名词作状语的情况较为罕见。如果把前项介词隐去,a项和c项中的框式介词结构只剩下"名词+后项成分"这一结构。从整体上看,这一结构仍然是名词性的,因此无法占据句首状语、动词之前和句末状语位置。b项中的"和个小鬼似的"在句法上更像谓语成分,因此此处的"和"更像动词,比如其可以更换为以下表达:

(98) a. 像个小鬼似的

b. 像个小鬼

"像"的动词性较强,在很多情况下可以用作动词。因此,可以将"弄得和个小鬼似的"中的"和"分析为动词,在句中作谓语成分。因此,在此位置上的"和"不能隐去。

d项中的框式介词位于"的"字之前,作定语修饰名词性中心语"福气"。我们知道,定语位置上的成分可以由名词充当,也可以由介词结构充当,比如:

(99) a. 在学校的生活

b. 学校的生活

在上例中,a项和b项的定语成分分别由介词结构和名词充当。因此,在这一位置上,框式介词结构中的前项介词可以隐去。

从以上分析可以看出，框式介词结构中的介词是否可以隐去受到其所占据的句法位置及其所发挥的语法功能密切相关。下面看目的类框式介词“为（了）……起见”的情况：

(100) a. 为了安全起见，将文件放在小柜里。(《百度例句》，2020-4-24)

b. 礼毕，一些教官为了安全起见用杀菌水洗手。(《百度例句》，2020-4-24)

在（100）中，隐去介词会降低表达的可接受程度或使表达不合语法：

(101) a. ？安全起见，将文件放在小柜里。

b. *礼毕，一些教官为了安全起见用杀菌水洗手。

例（100）中的框式介词分别占据句首状语位置和动词之前的位置，这两个位置需要由状语成分充当，因此隐去介词会降低表达的可接受程度，并可能导致表达不合语法。

下面看依据类框式介词结构的句法表现：

(102) a. 按照当时的政治气候来看，那是一个非常优美的夜晚，没有举行什么大规模的集会，也没有催人狂热的“最新指示”的突然发表。(《危栏》俞天白)

b. 按相声界的辈分来讲，他比我高，论年纪他大约只比我大四岁。(《侯宝林自传》侯宝林)

依据类框式介词一般只出现在句首状语位置，因此隐去前项介词会导致表达不合语法：

(103) a. *当时的政治气候来看，那是一个非常优美的夜晚，没有举行什么大规模的集会，也没有催人狂热的“最新指示”的突然发表。

b. *声界的辈分来讲，他比我高，论年纪他大约只比我大四岁。

接下来看排除类框式介词的情况，请看下例：

（104）a. 除了外部征服等原因之外，文化积淀的僵化性定序是重要原因之一。（《社会场论》张小军）

b. 人除了生理的需要之外，还有心理、精神以及社会生活的需要。（《社会劳动学概论》赵履宽、王子平）

在上例中，排除类框式介词结构分别位于句首状语位置和动词之前，隐去介词会导致表达不合语法：

（105）a. *外部征服等原因之外，文化积淀的僵化性定序是重要原因之一。

b. *人生理的需要之外，还有心理、精神以及社会生活的需要。

和比况类框式介词的情况相似，定语位置上的排除类框式介词结构可以将前项介词隐去，比如：

（106）a. 既然“多情”的“只有”春庭月，可见除了月光之外的事物都是无情的。（《艺术家的美学》翟墨）

b. 既然“多情”的“只有”春庭月，可见月光之外的事物都是无情的。

最后看对象类框式介词结构的情况。由于该类介词结构通常出现在句首状语位置或者谓语之前，隐去介词经常导致表达不合语法，如（107）—（108）所示：

（107）a. 对于不同的坐标来说，其最优点的情况都会有所不同，不能一律看待。（《论矛盾转化》荣开明、赖传祥）

b. 对个体生命而言，爱，有时也是沉重的负担。（《北京晚报》，1992-10-9）

c. 就此意义讲，基层党支部也可以说是一种特殊的学校。

（《马克思主义党学》赵云献）

d. 就学习期限而论，有规定其最低期限和最高期限的，亦有仅规定最高期限的。（《工业经济学》祝慈寿）

e. 这件事对于他来讲意义重大。

（108）a. *不同的坐标来说，其最优点的情况都会有所不同，不能一律看待。

b. *个体生命而言，爱，有时也是沉重的负担。

c. *此意义讲，基层党支部也可以说是一种特殊的学校。

d. *学习期限而论，有规定其最低期限和最高期限的，亦有仅规定最高期限的。

e. *这件事他来讲意义重大。

我们可以将汉语非时空类框式介词结构中介词的隐现情况总结如下：

（109）

表 6－4 非时空类框式介词结构中介词隐现情况表

<table>
<tr><td rowspan="6">时空类框式介词</td><td>介词类型</td><td>句首状语</td><td>动词（谓语）之前</td><td>句末状语</td><td>定语位置</td></tr>
<tr><td>比况类</td><td>必现</td><td>必现</td><td>必现</td><td>可隐</td></tr>
<tr><td>目的类</td><td>必现</td><td>必现</td><td>——</td><td>——</td></tr>
<tr><td>依据类</td><td>必现</td><td>——</td><td>——</td><td>——</td></tr>
<tr><td>排除类</td><td>必现</td><td>必现</td><td>——</td><td>可隐</td></tr>
<tr><td>对象类</td><td>必现</td><td>必现</td><td>——</td><td>——</td></tr>
</table>

由上表可以看出，汉语非时空类框式介词结构中的前项介词在大多数时候是不能隐去的。可以隐去的情况仅局限于比况类框式介词结构和排除类框式介词结果欧在定语位置上的情况。这一点和方所类框式介词结构和时间类框式介词结构之间存在着较大的差异。这是因为，当框式介词结构中的前项介词隐去时，整个结构只剩下了“介引对象＋后项成

分”这一结构。这一结构在本质上是名词性的。由于方所类框式介词结构和时间类框式介词结构中的后项成分分别携带方所和时间语义特征，可以使介引对象转化为方所名词和时间名词。方所名词和时间名词在现代汉语中具备充当状语成分的能力，这为该类框式介词结构在状语位置上隐去其前项介词提供了可能。而非时空类框式介词结构中的后项成分多为意义较为虚化的成分，其不具备是介引对象转化为方所名词和时间名词的能力。因此，在状语位置上，该类框式介词结构中的前项介词一般不能隐去。

6.3 非时空类框式介词的句法分布及生成动因

6.3.1 非时空类框式介词的句法分布

我们在上一节探讨非时空类框式介词前后项隐现规律的时候涉及了其在句中的位置分布，本节将其总结如下·

(110)

表6－5 非时空类框式介词句法分布表

	介词类型	句首状语	动词（谓语）之前	句末状语	定语位置
非时空类框式介词	比况类	√	√	√	√
	目的类	√	√	——	——
	依据类	√	——	——	——
	排除类	√	√	——	√
	对象类	√	√	——	——

如上表所示，比况类框式介词结构可以出现在句首状语、动词之前、

句末状语和定语等位置，比如：

(111) a. 同您当年一样，我们是满怀着憧憬和希望来到军营的。(《解放军报》，1991－2－3)

b. 他同周恩来同志和其他中央领导同志一样，经常夜以继日地辛勤工作，任劳任怨，公而忘私。(《解放军报》，1980－1－9)

c. 于是法律学就成为独立的科学，与经济学、政治学一样。(《政治学体系》周绍张)

d. 望着这浩淼得如同大海一样的草原，他的冲动立刻冷却下来。(《北国草》从维熙)

目的类框式介词结构一般出现在句首状语位置和动词之前，比如：

(112) a. 为了礼节起见，他在床头上留了一封给洪那比亚、沙拉木汗、“阿衣吾”以及挤奶站全体人员的信。(《盲流》鲍昌)

b. 他们为营生起见，就委曲迎合这种游客的心理，索性在船里放两把躺藤椅，让他们在湖面上躺来躺去，像浮尸一般。(《西湖船》丰子恺)

依据类框式介词结构一般只出现在句首状语位置：

(113) 按照普通的情形来说，君媛这时是有了爱人的，爱足以安慰一切，赔补一切，她也会这样考虑过，然而这更使她寒心。(《浮沉》王余杞)

排除类框式介词结构可以出现在句首状语、动词之前和定语位置，比如：

(113) a. 除了人格以外，人生最大的损失，莫过于失掉自信心了。(《百度例句》，2018－4－25)

b. 我的生命除了爱情以外别无所求，我拼命抓住爱情。(《百

度例句》，2018－4－25）

c. 这是指除上述两种行为以外的其他商标侵权行为。（《中国经济审判原理》张晋红、孙丽）

对象类框式介词结构一般出现在句中的句首状语和谓语成分之前，比如：

（115） a. 因此，就其形式而言，二者是对立的。（《现代思维方式与领导活动》）

b. 这些对于战士来说，是不可能达到的。（《解放军报》，1991－6－22）

从（111）—（115）中的例句可以看出，比况类框式介词结构在句中的句法位置最为多样，依据类框式介词结构在句中的句法位置最为受限。在句子层面，比况类框式介词结构可以出现在句末状语、动词之前和句首状语三个句法位置，而目的类框式介词结构、排除类框式介词结构和对象类框式介词结构可以出现在句首状语和动词之前。句法位置的多样化为其结构在句中的游移提供了结构上的可能。

6.3.2　非时空类框式介词在句中游移的形式及动因

我们在上一节对汉语非时空类框式介词结构的句法分布进行了总结，指出了句法位置的多样化为框式介词结构在句中的游移提供了结构上的可能，比如：

（116） a. 和李四一样，张三成为一名优秀的教师。

b. 张三和李四一样成为一名优秀的教师。

c. 张三成为一名优秀的教师，和李四一样。

（117） a. 为了安全起见，张三关上了窗户。

b. 张三为了安全起见关上了窗户。

(118) a. 除了张三之外，全班没人考满分。

b. 全班除了张三之外没人考满分。

(119) a. 对于我来说，这件事十分重要。

b. 这件事对我来说十分重要。

从例（116）—（119）可以看出，比况类框式介词结构可以在句首状语、动词之前和句末状语位置之间进行游移，而目的类框式介词结构、排除类框式介词结构和对象类框式介词结构仅在动词之前和句首状语之间进行游移。我们可以将非时空类框式介词结构在句中的游移形式总结如下：

(120)

表 6－6 非时空类框式介词游移形式表

	介词类型	游移形式
非时空类框式介词	比况类	句末状语⇌动词之前⇌句首状语
	目的类	动词之前⇌句首状语
	排除类	动词之前⇌句首状语
	对象类	谓语之前⇌句首状语

下面我们通过形式化的手段揭示非时空类框式介词结构在句中的游移机制及内在动因。首先看（115）中比况类框式介词结构的情况。（115）中的框式介词结构在 a 项和 b 项中分别修饰整个句子和谓语动词。c 项中的框式介词结构对整个句子进行强调，比如（115）c 可以表述为（120）：

(120) 张三成为一名优秀的教师，这和李四一样。

在上例中，代词"这"指代前面整个句子。也就是说，（115）c 中的框式介词结构强调了句中的事件。我们假设比况类框式介词结构"和李四一样"基础生成于轻动词投射 *v*P 的中间投射位置（115b），经过提升移位至外层 TP 的标识语位置而形成 115a，这一过程如下图所示：

（121）

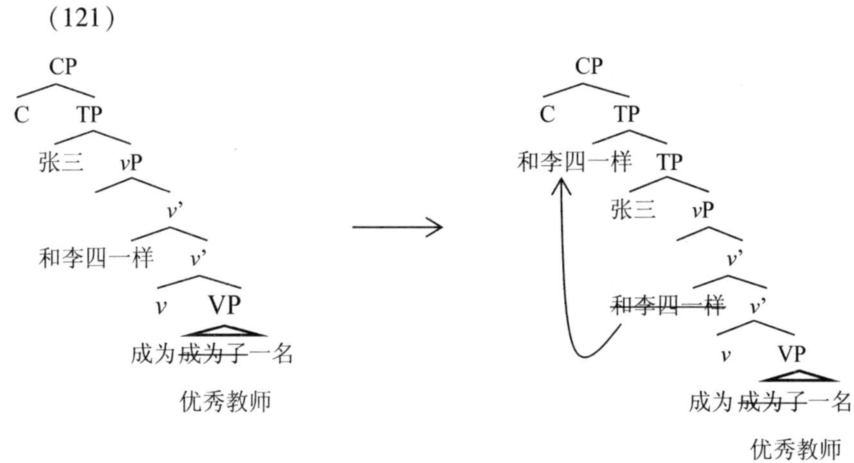

图6-8　比况类框式介词游移模式图

由上图所示，框式介词结构“和李四一样”从轻动词 *v*P 的中间投射位置提升移位至外层 TP 投射的标识语位置，原位置上的语迹被运算系统删除，形成（115）a 中的线性顺序。框式介词结构提升移位的动因在于句法辖域方面的要求：外层 TP 的标识语位置成分统制低位 TP 小句，为框式介词结构修饰 TP 小句提供结构上的依据。在（115）c 中，TP 小句得到了强调，可以将其视为（115a）中的 TP 小句“张三成为一名优秀教师”整体话题化的结果，具体过程如下图所示：

（122）

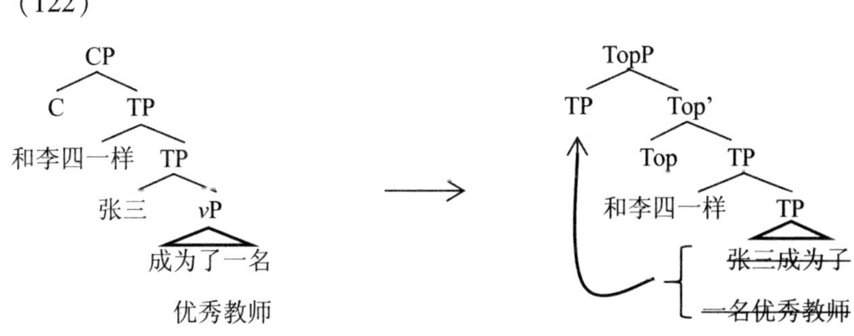

图6-9　比况类框式介词游移模式图

在上图中，CP 分裂为话题投射 TopP，低位 TP“张三成为一名优秀教师”作为话题提升移位至 TopP 的标识语位置，在线性序列上表示为（115）c 中的语序。移位的动因在于核查中心语 TopP 所携带的话题特征［+Top］。

从（116）—（118）可知，目的类、排除类和对象类框式介词结构拥有相同的游移模式，即从动词（谓语）之前提升至句首状语的位置。我们以目的类框式介词结构为例进行讨论。目的类框式介词结构在（116）中的游移模式如下图所示：

（123）

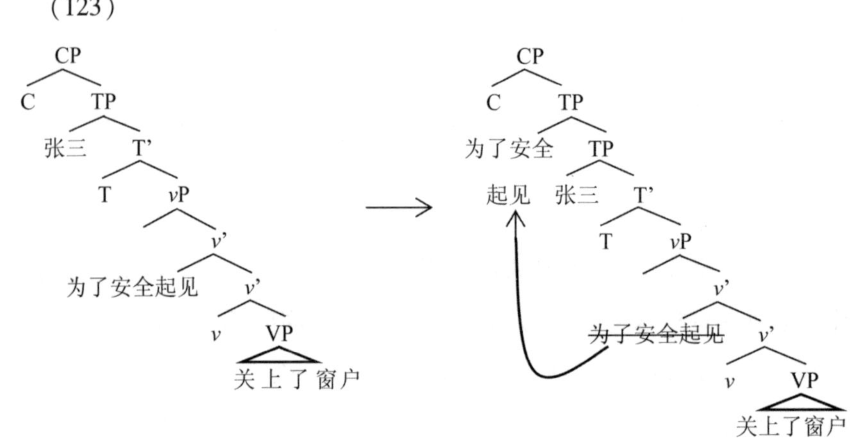

图 6－10　目的类框式介词游移模式图

由上图所示，目的类框式结构“为了安全起见”基础生成轻动词 *v*P 的中间投射部分，对谓语动词进行修饰。其提升至外层 TP 标识语的位置是出于句法辖域方面的需要，旨在对整个 TP 小句进行修饰。经提升移位之后，该框式介词位于句首状语的位置，形成（117）a 中的表层线性语序。排除类和依据类框式介词结构的游移形式与（123）中的模式相同，在此不再赘述。

6.4　本章小结

本章对汉语非时空类框式介词结构进行了研究，探索了该类框式介词的结构形式、生成机制、结构中前后项的隐现规律及其在句中的游移形式。6.1 节首先对非时空类框式介词进行了分类，将其进一步细化为比况类、目的类、依据类、排除类和对象类五个小类，并将非时空类框式介词结构中的后项成分分析为凸显话题语义信息的轴向部分“$\text{AxPart}_{\text{TOP}}$”。本节将非时空类框式介词结构分析为与方所类和时间类框式介词结构相平行的结构形式：介词 + $\text{AxPart}_{\text{TOP}}$ + GenP + DP，并在纳米句法的理论框架下探索了该类结构的生成机制。6.2 节依次探索了各类非时空类框式介词结构中后项成分的隐现规律，指出了该类框式介词结构中前项介词的语法化程度与后项成分隐现之间的内在联系。本节还探索了非时空类框式介词结构中前项介词的隐现规律，指出出现在状语位置上的非时空类框式介词一般不能隐去其前项介词。6.3 节首先依次考察了各类非时空类框式介词结构在句中的句法位置，明确了该类框式介词结构在句中可能的游移形式。最后，本节对比况类、目的类、排除类和对象类框式介词结构在句中的游移机制及内在动因提供了形式上的刻画与解释。

第 7 章

汉语框式介词的句法本质及类型学地位

本章旨在探索普遍语法及语言变异的内涵，引入“参数层级（parameter hierarchy）”这一概念，并探索汉语框式介词的句法本质及其在参数层级中的结构位置。

7.1 普遍语法与参数层级

7.1.1 普遍语法及语言变异

纷繁复杂的形态 - 句法变异是自然语言的显赫特征之一。对语言共性的探索以及对跨语言变异的解释始终是语言类型学家与生成语法学家共同的理论追求。语言学家对于语言普遍性的研究主要采用两种模式：一种以语言类型学家格林伯格（Greenberg，1963）为代表，这种研究范式直接对自然语言中的共性特征进行描写，试图将这些共性特征归纳总结为一条条具体的、具有语言普遍性原则与规律；一种以生成语法领域巨擘乔姆斯基（Chomsky，1965，1975，1980，1986）为代表，着力探索人类语言的生物学基础（biological preposition）。Chomsky 的假设基于两点事实：第一，自然语言的内部结构极其复杂而多变；第二，儿童可以在短时间内迅速一致地习得本族语言。因此其假设：人类大脑中一定内嵌着一个认知系统，限定了语言习得的过程与范围。要完成这一理论假设，需要对自然语言（即内在性语言［I－language］）的语法形式行进限定。这些具体的限定规则被称为“普遍语法（Universal Grammar，UG）”，“普遍语法”即关于内在性语言的一般性理论（Berwick & Chomsky，2016：90）。

尽管普遍语法可以为人类语言的语法做出形式上的限定，自然语言中纷繁多变的表层语法现象并不能在普遍语法的框架中得到普遍一致的解释。因此，自上世纪80年代以来，主流生成语法学派在原则与参数的框架（Principle and Parameter，P & P）下对普遍语法进行了修正，假设普遍语法允许变异现象（variation）的存在（Chomsky，1981）。原则是指对语法形式起到限定作用的、恒定不变的普遍性原则，而参数是指在有限范围内的表层语言变异。比如动宾结构（VO）广泛地存在于人类的语言中，这可以被视为一条普遍存在的原则。而在动词和其宾语的表层语序方面，不同语言则呈现出一定的参数差异，请看以下例句：

（1）a. 关门

b. close the door

（2）a. 門を閉める

b. muneul dadara

例（1）中是动宾结构“关门”在汉语和英语中的表现；例（2）是该动宾结构在日语和韩语中的表现。可以看出，在汉语和英语中，动宾结构表现为VO语序，而在日语和韩语中，动宾结构表现为OV语序。也就是说，自然语言中的动宾结构存在两种语序的参数变异。汉语和英语属于中心语居前型语言，日语和韩语属于中心语居后型语言。例（1）和例（2）所体现的是中心语位置参数（Head Position Parameter）。中心语参数还体现在介词及其宾语的结构位置关系中，比如：

（3）a. 在桌子上

b. 机の上に

上例显示，汉语中的介词结构采用 PO 型表层语序，而日语中的介词结构采用 OP 型表层语序。除了中心语位置参数之外，自然语言中还存在疑问词移位参数（Wh – Parameter）和空主语参数（Null Subject Parameter）等参数类型。疑问词移位参数旨在揭示自然语言中疑问词的句法表现，比如：

（4）a. 你喜欢哪本书？

b. Which book do you like?

在例（4）中，疑问词"哪本书（which book）"有不同的句法表现：汉语中的疑问词停留在原位，而英语中的疑问词需要提升至句首。空主语参数则揭示了自然语言中主语的不同表现，请看以下例句（Richards Norvin 2016：11）：

（5）a. There arrived a man.（英语）

b. Il est arrivé un homme.（法语）

c. É arrivato un uomo.（意大利语）

d. Apareció un hombre.（西班牙语）

e. Va venir un home.（加泰罗尼亚语）

如例（5）所示，英语和法语不允许句中存在空主语成分，必须使用虚主语（expletive）进行填充；而意大利语、西班牙语和加泰罗尼亚语中则允许空主语的存在。

综上所述，普遍语法为人类语言中可能的语法形式进行了限定，而参数设定则为语言结构的可能变异形式提供了选择空间。随着研究的深入，语言结构的细微变异逐渐被语言学家所发掘，这既为单一的原则与参数模型带来了挑战，也为该理论框架的发展与完善提供了广阔的空间。

7.1.2 参数层级的概念及形式

原则与参数框架在 Greenberg 关于语言类型的研究和 Chomsky 关于语

言变异的研究之间搭建了一个可行的理论框架。普遍语法中的参数设置体现了语言类型学中语言结构的多样性与变异性。但随着研究的逐渐深入，人们发现，单一的原则与参数框架并不能为一些微观的语言变异现象提供完美的理论解释。比如 Dryer 在一项关于自然语言语序的研究中发现，VO/OV 语序和前置介词/后置介词语序之间的关联性表现如下（Dryer，2013a；2013b）：

（6）a. OV 语序 & 后置介词 472 种语言

b. OV 语序 & 前置介词 14 种语言

c. VO 语序 & 后置介词 41 种语言

d. VO 语序 & 前置介词 454 种语言

由（6）可以看出，同时拥有 OV 语序和后置介词的语言为 472 种，占总体语言数量的 48.11%；而同时拥有 VO 语序和前置介词的语言有 454 种，占总体语言数量的 46.30%。这两类语言分别为一致性的中心语居后型和中心语居前型语言，体现为和谐型语序（harmonic order）。可以看出，拥有和谐语序的语言在数量上占据绝对优势。但同时应该注意到，自然语言中仍在存在一些拥有非和谐型语序（disharmonic order）的语言，如（6）b 和（6）c 所示：拥有 OV 语序和前置介词的语言，占总体语言数量的 14.27%；拥有 VO 语序和后置介词的语言，占总体语言数量的 41.80%。尽管拥有和谐型语序的语言在数据上占据压倒性优势，仍然有少数语言拥有非和谐型语序，这在原则与参数框架中无法得到解释。原则与参数框架关于中心语参数的表述为：

（7）在 X’投射中，X 位于其补语 YP 之前/之后。（Rizzi，1988）

该参数设置采用中性的 X’结构模式，旨在揭示跨语言结构的普遍性特征。比如在和谐型语序的语言中，作为中心语的动词和介词同时位于其补语之前/之后，这符合中心语参数设置的一般规律。但在少数拥有非和谐型语序的语言中，动词中心语位于补语之前/之后，而介词中心语却位于其补语之后/之前。这种在同一种语言中所呈现出来的不一致性显然无法通过单一的中心语参数设置进行解释。有鉴于此，Ian Roberts（2019：89）提出了“参数层级”这一概念，将参数视为一种不为普遍语法所预先设定的自发性特征（emergent property），并根据作用范围将参数进一步细化为宏参数（macroparameter）、央参数（mesoparameter）、微参数（microparameter）和纳米参数（nanoparameter）四种类型（孙文统，2020：556）。不同的参数类型位于参数层级的不同位置，而参数层级则通过问答型的二分方式自上而下地进行逐层构建，比如有关中心语参数的参数层级可以采用以下方式进行构建（Ian Robert 2019：6）：

（8）a. Is F present in the system?（Y/N）

N：Rigidly，harmonically head – initial language.

b. Y：is F generalized to all（relevant）heads?

Y：rigidly，harmonically head – final language.

c. N：if not，is F restricted to some subset of heads，e. g. [+ V]，[+ N]?

（8）所表达的意思是：自然语言首先就该语言中是否存在中心语居后特征［F］进行选择，宏参数在这一层级起作用。如果选择“是”，则进一步将语言分为中心语居前型语言和中心语居后型语言，央参数在这一层级起作用。接着，可以根据特征［F］的普遍性（即中心语居后是否存在于某种语言所有的结构中）将语言进一步细化，微参数在这一层级起作用。纳米参数旨在解释自然语言中非系统性的个体变异。通过构建参数层级的方式，自然语言中的非和谐型语序可以得到较为系统的解释。

参数层级能够为自然语言结构的微观变异提供较为全面的解释。Ian Robert（2019）全面考察了自然语言中的变异现象，构建出自然语言中 φ 特征、个体指称特征、时态特征、被动句、Wh – 移位、否定以及致使结构和双及物结构中格变化的参数层级。

7.2　汉语框式介词的结构形式及句法本质

7.2.1　汉语框式介词结构的普遍结构形式及推导机制

本书将汉语框式介词分为方所类、时间类和非时空类三个大类，并根据其结构中成分的句法语义特征构建出各类框式介词结构具有普遍性的句法表征：

(9) a. 方所介词 + AxPart + Gen + 介引对象

（方所类框式介词结构）

b. 时间介词 + $\text{AxPart}_{\text{TI}}$ + Gen + 介引对象

（时间类框式介词结构）

c. 非时空介词 + $\text{AxPart}_{\text{TOP}}$ + Gen + 介引对象

（非时空类框式介词结构）

在方所类框式介词结构中，“AxPart” 为表示相对位置关系的 “轴向部分”，指明不同物体之间相对的位置关系，比如 “上” “下” “前” “后” “左” “右” 等。在时间类框式介词结构中，“$\text{AxPart}_{\text{TI}}$” 为表示相对时间关系的 “轴向部分”，旨在凸显时间关系，这类成分由表示时间意义的方位词及后项成分组成，比如 “前” “后” “左右” “来” 等。在非时空类框式介词结构中，“$\text{AxPart}_{\text{TOP}}$” 为凸显话题语义信息的 “轴向部分”，具有引入话题和凸显语义信息的功能，比如 “来说” “而言” “而论” 等。在这三类框式介词结构中，“Gen” 为属格投射，旨在揭示后项成分与介引对象之间的语义关系，并为 “之” “以” 等结构助词提供结构位置。我们可以通过具体的例子进一步揭示这三类框式介词在句法结构方面的平行性：

(10) a. 在桌子上 (方所类框式介词结构)
b. 在五点前 (时间类框式介词结构)
c. 除张三外 (非时空类框式介词结构)

(11) a. 在桌子之上 (方所类框式介词结构)
b. 在五点之前 (时间类框式介词结构)
c. 除张三之外 (非时空类框式介词结构)

在例(10)中,三类框式介词结构的表层句法形式均为“介词+介引对象+后项成分”,而在例(11)中,三类框式介词结构的表层句法形式均为“介词+介引对象+Gen+后项成分”。在(10)中,成分Gen是隐性的,而在(11)中,成分Gen是显性的。因此,方所类框式介词结构、时间类框式介词结构和非时空类框式介词结构在句法表现方面呈现出高度的一致性。除此之外,在这三类框式介词结构中,表示相对位置关系的轴向部分“AxPart”、表示相对时间关系的“$AxPart_{TI}$”以及凸显语义信息的轴向部分“$AxPart_{TOP}$”在更为抽象的层次上可以统一分析为表达相对关系的轴向部分,具有凸显引介成分语义信息的语法功能。因此,我们可以将汉语中不同类型的框式介词结构的句法表征统一分析如下:

(12) 介词+轴向部分+Gen+介引对象

这种表层形式和英语中复合介词结构“in front of the car”较为类似。所不同是,英语复合介词结构中的“轴向部分”和“Gen”由独立的词汇充当,而汉语中的“轴向部分”由单音词方位词、准方位词、准结构助词等成分充当,而“Gen”一般由“之”和“以”充当。这些成分在句法上是后附性的,与介引名词共同充当介词的宾语成分。汉语框式介词结构的层级性句法构造可以表示如下:

（13）

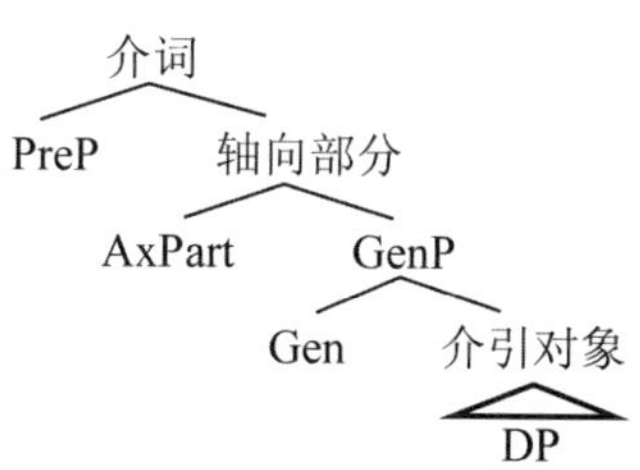

如上图所示，在汉语框式介词结构中，前置介词位于最高位置直接支配“轴向部分”，后者依次支配属格投射 GenP 及介引对象。在结构推导方面，由于现代汉语介词是前置词，Taraldsen（2018），Pantcheva（2011），Starke（2013）等学者认为前置词在运算系统中独立的工作空间进行推导生成，本书第4章、第5章和第6章中关于方所类、时间类和非时空类框式介词的推导运算的研究均采用这一理论观点。介引对象、属格投射和介引对象在另外一个工作空间中进行运算推导，所采用的运算方式主要是二元合并、停留核查、循环移位和整体移位，直到生成的句法结构在词库中有相应的词汇项目与之匹配为止。当生成的句法结构在词库中找到能够与之匹配的词汇项目时，运算系统采用短语拼出的方式实施拼出操作。短语拼出既是生成词汇项目的主要手段，也是句法移位的内部动因。最后，在独立工作空间中生成的介词和“介引对象+后项成分”再次进行二元合并，最终生成汉语框式介词的表层结构形式“介词+介引对象+后项成分”。汉语框式介词结构的句法推导过程可以表示如下：

（14）

工作空间 1
介词的生成：{方所类介词、时间类介词、非时空类介词}

二元合并 ⟷

上作空间 2
[DP 介引对象+后项成分]的推导生成：二元合并、停留核查、循环移位、整体移位、短语拼出

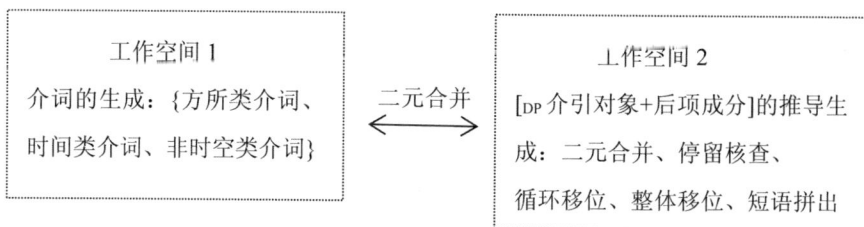

图7-1　汉语框式介词结构推导示意图

7.2.2 汉语框式介词的结构特点及句法本质

从形式上看，汉语框式介词由前置介词、介引对象以及后项成分构成，构成一个封闭性的介词性结构。现将本书3.3.1节中关于汉语框式介词的结构特点重复如下：

（15）a. 结构本身是介词性的，介引对象必须为名词性成分；

b. 结构中的前项必须是介词，后项成分为方位词或准助词成分；

c. 结构中的前项和后项构成一个封闭性的、自给自足的结构；

d. 结构中的后项不能与位于其后的句法成分发生语法关系。

可以看出，介词性与封闭性是汉语框式介词结构的首要特征。（15）a和（15）b体现了汉语框式介词结构的介词性特征：不但结构中的前项必须是介词，而且整体结构也必须是介词性的，比如下列句子中下划线的结构就不是本书所讨论的框式介词结构：

（16）a. 在得到汽车商艾哈杜亚的许诺之后，哈立德说："当我看见球入网窝，我的心像跳出来一样，这是我一生中最美妙的入球。"（《天津日报》，1990－6－19）

b. 为取得他们拥护起见，有时遂不得不牺牲全市的利益，以巩固自身之地位。（《比较市政学》刘乃诚）

c. 自70年代环境问题引起人们重视以来，人们逐渐提高了对树木净化空气作用的认识，开始了这方面的研究。（《中国青年报》，1980－4－3）

d. 他除了阅读法学课程之外，还选修了文学艺术史和文化史的课程，希腊和罗马神话、荷马的史诗。（《解放军报》，1991－2－3）

在上例中，表示时间意义的“在……之后”和“自……以来”、表示目的意义的“为……起见”和表示排除意义的“除……之外”均不属于我们所研究的框式介词结构。在其介引的对象中，a、b、d 项中的“得到汽车商艾哈杜亚的许诺”“取得他们拥护”和“阅读法学课程”为动宾结构，而 c 项中的“70 年代环境问题引起人们重视”为小句结构。由于框式介词在本质上是介词性的，其只能以名词性成分为介引对象。（15）c 和（15）d 强调了汉语框式介词的封闭性特征，排除了框式介词结构中后项成分与位于其后的句法成分发生关系的可能性，因此排除了下例中下划线的各种结构：

（17）a. 下半时爱尔兰队更加强了攻势，欲以高球来掌握制空权，从上而下轰击埃及队大门，连续获得任意球、角球和射门机会。（《天津日报》，1990 - 6 - 19）

b. 神道两侧自东向西依次排列石兽六种：狮子、獬豸、骆驼、象、麒麟、马。（《明孝陵溯源》侯镜昶）

c. 谁能相信，人们从莎翁笔下的那些为了理想的爱情而殉身的热男恋女的身上，看到的仅仅是爱情？（《解放日报》，1982 - 6 - 23）

d. 而这个过去一向没有种麦习惯的地方，不但在种植上早已改为两茬，今年一季麦收，就比 1972 年粮食总产还要多，白面已成为山村的主食，棒子多半用来喂猪了。（《天津日报》，1978 - 9 - 19）

在上例中，“从……而……”“自……向……”“为……而……”和“比……要……”等结构也不属于我们所研究的框式介词结构。因为（17）a 和（17）b 中下划线的结构为开放性的，尽管“而”和“向”为介词，它们与位于其后的“下”和“西”发生句法关系。而（17）c 和（17）d 中的结构除了是开放性的之外，其后项成分“而”和“还”在本质上是副词性的，分别修饰动宾结构“殉身”和形容词“多”。

因此，介词性与封闭性是汉语框式介词结构的本质特征。同时需要注意，汉语框式介词仍然是由前置介词所形成的介词结构，只有前置介词具有指派题元的语法功能，后项成分不具有指派题元的语法功能。框式介词的后项成分后附于介引对象，关乎整个结构的合法性以及语义表达的精确性。请看下例：

(18) a. ＊在桌子　在桌子上　在桌子下

（方所类框式介词结构）

b. 在五点　在五点前　在五点后

（时间类框式介词结构）

c. 就这件事 就这件事来讲 就这件事而论

（非时空类框式介词结构）

由上例所示，(18) a 中的后项成分关系着结构的合法性及表义的精确性：“＊在桌子”不合语法，而且“在桌子上”在语义上显然不同于“在桌子下”。(18) b 中的后项成分对结构的合法性影响不大，但会导致不同语义的产生。(18) c 中的情况与 (18) a 类似：框式介词结构中的后项成分对结构的合法性及表义的精确性均有影响。

7.3 汉语框式介词在参数层级中的位置

我们在 7.1.2 节中指出：参数层级可以更为精细地刻画语言结构的参数变异，凸显特定语言结构在普遍语法中的地位。参数层级通过问答的形式自上而下逐层进行构建，比如有关 EPP 特征的参数层级可以采用以下方式进行构建（Ian Roberts，2019：608）：

(19) The EPP/nominative hierarchy

Does C have an EPP feature (P_{EPP1})?

Y: Does C have Case/φ (P_{EPP2})? N: no EPP feature in higher phase

Y: Does C donate Case/φ to Spec TP (P_{EPP3})? N: no Case//φ in higher clausal phase

Y: P_{EPP5} N: Does C assign Case/φ to T (P_{EPP4})?

N: Does T have an obligatory EPP feature (P_{EPP5})? Y: Continental West Germanic

Y: Are T's feature 'suppressed' (P_{EPP6})? N: CNSL, Romance, Greek

Y: Welsh, Irish N: English, BP, (French)

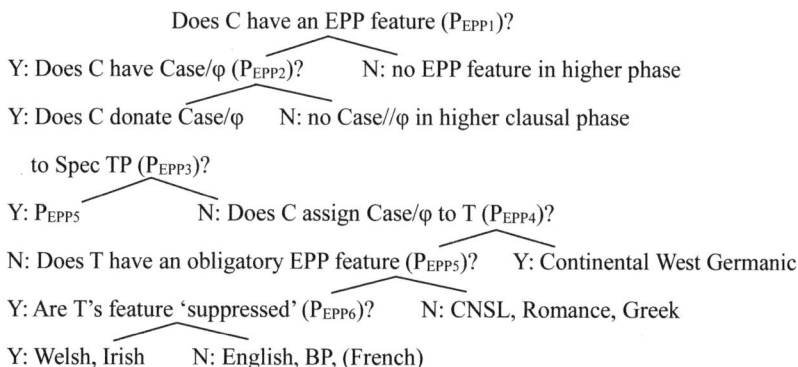

图 7－2 EPP 特征参数层级图

如上图所示，EPP 特征呈现出五种参数类型（用 P_{EPP}）进行表示。整个参数层级采用问答的形式逐层构建：首先就中心语 C 是否拥有 EPP 特征进行提问，形成参数层级的第一层级。对该问题的肯定性的和否定性的答案构成参数层级的第二层级。其中肯定性的回答可以进一步形成问题，并再次生成肯定性的和否定性的答案，形成 EPP 参数的第三层级，并再次生成问句。具体类型的语言在参数层级中占据具体的位置，代表着自然语言现象的具体参数变异类型。

（8）中的问答模式为自然语言的中心语参数构建了简要的参数层级模型，其重心在于自然语言中和谐型语序和非和谐型语序的刻画与描写，无意为自然语言中介词结构的参数变异提供分析与解释。本节尝试构建有关介词结构的参数层级。自然语言中的介词结构可以通过独立的介词构成，也可以通过词缀的形式表达。英语和法语是典型的拥有前置介词结构的语言，通过“介词＋介引对象”的方式形成介词结构，比如：

（20）a. in the room （英语）

b. dans la maison （法语）

而日语和汉语中的介词是后置型的，“在屋里”和“在墙上”分别用日语和韩语表达如下：

（20）a. 部屋にいる （日语）

b. 벽에 있다 （韩语）

而在南非公用荷兰语（Afrikaans）和冈毕语（Gungbe）中，存在由独立的介词形成的框式介词结构，比如：

（21）a. in die kamer in. （南非公用荷兰语）

in the room in ‘into the room’

（Mark de Vos，2013：334）

b. ɖó àkpótín lɔ́m ɛ̀ （冈毕语）

in box Det in

‘in the inner side of the box’

（Enoch O. Aboh，2010：225）

除此之外，古希腊语和斯洛文尼亚语（Slovenia）中的介词可以前置或者后置：

（22）a. apò hês alókhoio （古希腊语）

from POSS. 3SG. GEN wife. GEN

‘（far）from his wife’

b. neòn ápo

ship. GEN. PL from

‘from the ships’ （Hagège，2010：116－117）

（23）a. stanûjemu nasprôti gostiln－e I gostiln－i （斯洛文尼亚语）

we. live opposite pub－GEN / pub－DAT

‘we live opposite the pub’

b. sedim têbi/ti nasprôti

I. am. sitting you. SG. DAT opposite

'I am sitting opposite you'　　　　(Herrity, 2000: 281)

与上述语言相比，汉语介词显示出自身独有的特点：首先，现代汉语中的介词均为前置性的，这与英语和法语等语言相似，但汉语介词可以和黏附性的后项成分结合，构成框式介词结构，比如：

(24) a. 在学校

b. 在学校里

c. 除了这件事

d. 除了这件事之外

因此，汉语介词拥有自身独特的特点：有的介词可以直介引名词性成分，有的介词则可以和黏附性的后项成分形成框式介词结构，共同介引名词性成分。德语口语语体中的介词也在一定程度上表现这种特点，比如：

(25) a. Er sitzt**auf** dem Tisch dr**auf**.

he sits on the$_{DAT}$table DR – on

'He sits on the table'

b. Sie steckt**unter** der Decke dr**unter**.

she is under the blanket DR – under

'She is under the blanket'　　(Máire Noonan, 2010: 164)

除了用独立的词汇形成介词之外，有的语言可以通过词缀的形式表达空间概念，从而充当方所介词结构的语法功能。比如 Tsez 语、芬兰语等语言中通过添加后缀的方式来表达空间概念，在语法功能上与方所介词结构相同：

(26) a. besuro – x – āy　　　　(Tsez 语)

fish – at – from

'from the fish'　　(Comrie and Polinsky, 1998: 104)

b. jalkaan　　　　(芬兰语)

foot. ILL

'in the foot' (Michelle Sheehan, 2017: 311)

而修纳语（Shona）则可以通过添加前缀的方式表达空间概念，比如：

(27) a. Nhunzi dzi – ri pa – ma – poto. (修纳语)

10 – fly 10 – be 16 – 6 – pots

'The flies are on the pots.'

b. Nhunzi dzi – ri ku – ma – poto.

10 – fly 10 – be 17 – 6 – pots

'The flies are there by the pots.'

c. Nhunzi dzi – ri mu – ma – poto.

10 – fly 10 – be 18 – 6 – pots

'The flies are in the pots.'

(Pavel Caha and Marina Pantcheva, 2020: 23)

上例中的"pa""ku"和"mu"为前附性的方所标记，分别大致相当于英语介词"on""by"和"in"的语义。

从例（20）—（27）中，我们区分了自然语言中七种介词类型：前置介词型语言，比如英语和法语；后置介词型语言，比如日语和韩语；双位介词型语言，比如古希腊语和斯洛文尼亚语；框式介词型语言，比如南非公用荷兰语和冈毕语；可以使用前置介词或使用前置介词和后项成分的语言，比如汉语和口语语体的德语；使用后缀表达方所介词功能的语言，比如Tsez语和芬兰语；使用前缀表达方所介词结构的语言，比如修纳语。我们尝试将自然语言中介词结构的参数层级构建如下：

（28）

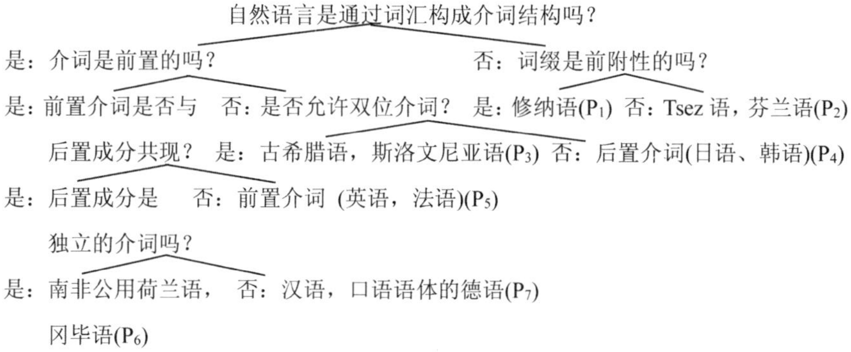

自然语言是通过词汇构成介词结构吗？
是：介词是前置的吗？　　否：词缀是前附性的吗？
是：前置介词是否与后置成分共现？　否：是否允许双位介词？　是：修纳语(P_1)　否：Tsez 语，芬兰语(P_2)
是：古希腊语，斯洛文尼亚语(P_3)　否：后置介词(日语、韩语)(P_4)
是：后置成分是独立的介词吗？　否：前置介词 (英语，法语)(P_5)
是：南非公用荷兰语，冈毕语(P_6)　否：汉语，口语语体的德语(P_7)

图 7－3　自然语言介词参数层级图

如上图所示，根据自然语言中介词结构的构成方式（词汇还是词缀）进行提问，选择“是”则针对介词是否前置进一步进行提问，选择“否”则针对词缀是否前附进一步进行提问。在这一层级中，针对选项“是”的回答生成两个问句，针对选项“否”的答案则对应两个具体的介词参数：修纳语（P_1）；Tsez 语和芬兰语（P_2）。在针对前置介词是否与后项成分共现的问题中，选择“是”继续生成问题，选择“否”则对应一种具体的介词参数：英语和法语（P_5）。而针对是否允许双位介词的回答则对应两种具体的介词参数：允许双位介词出现（古希腊语和斯洛文尼亚语）（P_3）；后置介词（日语和韩语）（P_4）。针对后置成分是否为独立介词的回答则对应另外两种具体的参数：南非公用荷兰语和冈毕语（P_6）；汉语和口语语体的德语（P_7）。

因此，通过构建参数层级的方式，可以较为清晰地反映出自然语言中介词结构的整体表现以及汉语框式介词结构的具体位置，能够更为深刻地揭示汉语框式介词的结构特征和句法本质。

7.4 本章小结

本章探索了汉语框式介词的句法本质和语言类型学地位。7.1 节首先探索了普遍语法的内涵，指出了单一性的参数设定无法为自然语言中的微观参数变异提供解释。接着，本节对“参数层级”的概念及形式进行了探讨，指出其能够为自然语言中的非和谐型语序提供解释。7.2 节再次强调了汉语框式介词的结构形式及句法本质，指出“介词 + 轴向部分 + GenP + 介引对象”是汉语框式介词结构普遍一致的句法表征，而介词性与封闭性是汉语框式介词的本质特征。本节简要回顾了汉语框式介词结构的生成机制，指出前置介词和介引对象及后项成分位于不同的工作空间中推导生成，二元合并、停留核查、循环移位和整体移位是其主要的运算方式，短语拼出条件的满足是操作过程中移位的内在动因。7.3 节考察了介词结构在不同语言类型中的表现，初步构建了自然语言介词结构的参数层级，并明确了汉语框式介词在参数层级中的具体位置。

第 8 章

结　语

8.1　创新之处及研究总结

8.1.1　创新之处

本书在生成语法的理论框架下对汉语框式介词结构进行了较为全面的研究，深入探索了汉语框式介词结构的内部构造、前后项隐现机制、句法分布、游移形式以及语言类型学地位，为汉语框式介词的研究提供了新的理论视角和研究手段。总体来看，本书的创新之处体现在以下几个方面：

第一，在生成语法的理论框架下对汉语框式介词进行研究，并尝试采用不同的理论模型为该类介词结构在不同语法层面上的表现提供解释。在汉语框式介词结构的微观层面，本书以生成语法理论的新近发展——纳米句法为理论框架，深入探索了该类介词结构的句法表征及推导过程，而汉语框式介词结构的句法分布及游移形式等宏观层面的句法表现则在最简方案的理论框架中寻求解释。在汉语框式介词结构的参数特征方面，本书则尝试通过参数层级这一概念进行解释。

第二，对汉语框式介词的结构范围及句法特点进行了剖析，凸显了该类介词结构的句法本质。本书凸显了汉语框式介词的介词性与封闭性特征，并根据这些特征将其与介词框架、双位介词、介词连用、虚词框架等结构进行了区分。本书对汉语框式介词的结构范围进行了严格的限定，既排除了框式介词结构中后项成分与后续成分产生句法关联的可能性，也排除了框式介词结构中的前项介词充当连词引导小句的情况。

第三，利用形式化的手段揭示了汉语框式结构的内部构造及生成机制，涉及该类介词结构中前后项隐现机制、句法分布、游移形式及内部动因等多个方面。本书通过纳米句法理论对汉语框式介词结构的句法表征及生成机制展开研究，将不同类型的框式介词结构的句法表征统一分析为"介词 + 轴向部分 + GenP + 介引对象"，通过二元合并、停留核查、循环移位和整体移位等方式诠释汉语框式介词结构的推导机制，并在最简方案的框架内探索了汉语框式介词结构的游移形式和内在动因等问题。

第四，对自然语言中的介词结构进行了初步的探索，构建了介词结构的参数层级，明确了汉语框式介词结构在参数层级中的位置。本书在第 7 章探索了普遍语法和参数层级等概念，并通过汉语、英语、法语、德语、日语、韩语、古希腊语、斯洛文尼亚语、荷兰语、冈毕语、芬兰语、南非公用荷兰语、Tsez 语、修纳语等语料探索了自然语言中介词结构的句法表现，初步构建了自然语言中介词结构的参数层级，并明确了汉语框式介词结构在参数层级中的位置。

8.1.2 研究总结

本书对汉语框式介词结构进行了较为全面的研究，涉及该类介词结构的结构特征、句法表现以及语言类型学地位等方面。具体来说，本书对汉语框式介词的研究主要涵盖以下几个方面：

第一，较为系统地梳理了学界前修时贤对于汉语框式介词的结构特点及范围的研究，对汉语框式介词结构进行了进一步的限定与分类。当前学界对于汉语框式介词结构的定义尚未形成统一的意见，不同学者对于汉语框式介词的结构范围分歧较大。本书在详细梳理刘丹青（2003）、陈昌来（2014）、张云峰（2014）和王世群（2016）等分析的基础上，对汉语框式介词的结构类型及范围进行了进一步的限定与分类，凸显了该类介词结构的介词性与封闭性，并根据语义将汉语框式介词分为方所类框式介词、时间类框式介词和非时空类框式介词三个大类，其中方所类框式介词进一步细化为处所类、方向类、来源类、终到类、沿途类和经由类六个小类；时间类框式介词进一步细化为时段类、起始类和终点类三个小类；非时空类框式介词进一步细化为比况类、目的类、依据类、排除类和对象类五个小类。

第二，探索了汉语框式介词结构的结构形式和生成机制。本书采用形式化的手段对汉语框式介词进行了清晰的结构表征，将其统一分析为“介词 + 轴向部分 + GenP + 介引对象”的形式，并通过二元合并、停留核查、循环移位、整体移位、短语拼出等技术手段诠释了该类介词结构的推导机制及形成动因。此外，本书基于实际语料，依次探索了汉语方所类、时间类和非时空类框式介词结构中前项介词和后项成分的隐现规律，并在生成语法的框架内为前后项的隐现机制提供了解释。

第三，探索了不同类型的框式介词结构在句中的结构位置及游移形式，并为该类介词结构在句子中的游移动因提供解释。本书详细描摹了不同类型的框式介词结构在句中可能出现的句法位置，分析了不同句法位置之间的结构关系，归纳出了汉语框式介词结构在句子中的游移模式。在此基础上，本书采用形式化的手段清晰地揭示了不同类型的框式介词结构在句子中的游移过程，并为其游移动因做出了形式化的解释。

第四，在揭示汉语框式介词的内部结构和外部表现的基础上，本书将汉语框式介词结构置于更为广阔的语言类型学领域内进行讨论，简要讨论了普遍语法与参数变异的关系，并引入“参数层级”这一概念。本书对自然语言中的介词类型进行了简要的探讨，涉及汉语、英语、法语、日语、韩语、古希腊语、斯洛文尼亚语、南非公用荷兰语、冈毕语、口语语体的德语、Tsez 语、芬兰语、修纳语等语言。在此基础上，本书构建出介词结构的参数层级，并明确了汉语在参数层级中的位置。

8.2 研究局限及未来展望

8.2.1 研究局限

本书对于汉语框式介词的研究仍在存在着一些局限性与提升空间，需要在今后的研究中逐步改进。这些局限性主要体现在以下几个方面：

第一，本书在探索汉语框式介词结构的普遍性句法表征和构建参数层级的过程中，涉及了多种语料，为汉语框式介词的研究提供了语料基础。但总体来看，本书所涉及的语料远远不够丰富，仍然存在较大的扩充空间。因此在今后的研究中，应该进一步拓展语言类型的涵盖面，为本研究提供更为坚实的语料支撑。

第二，本书所研究的框式介词在结构上表现为“介词 + 介引对象 + 后项成分”，强调该类介词结构的介词性与封闭性，尚未涉及框式介词与其他成分连用的情况。比如方所类框式介词（比如“在水面以上”“在黄河以南”等）可以和数量短语连用，形式较为复杂的结构类型，比如“在水面以上五米处”“在黄河以南两公里”等。这些复杂结构的句法表征和生成机制有待在将来研究中逐步完善。

第三，本书采用纳米句法和最简方案中的操作要件对汉语框式介词结构的内部构造和外部表现进行了研究，涉及汉语框式介词在词汇和句子层面的句法表现。在对框式介词结构的游移形式及推导机制进行研究的过程中，本书主要从单一的句法层面进行研究，尚未顾及韵律因素对汉语框式介词的句法分布及游移形式的影响。从韵律—句法接口层面进行进一步的挖掘，是我们今后努力的方向。

8.2.2　未来展望

作为汉语中一类较为特殊的介词类型，汉语框式介词在遵循自然语言中介词结构的普遍性表征的同时，体现出明显的参数变异性。这种参数变异性值得我们进一步的探索与研究。在今后的研究中，我们应当从以下几个方面进行努力：

第一，进一步扩充有关框式介词的语料范围，为汉语框式介词的研究提供更为充分的语料支撑。在广泛的语言类型的基础上，进一步探索自然语言中介词结构的参数类型，构建系统的介词参数层级，并找出汉语框式介词结构的层级位置。

第二，进一步拓展汉语框式介词的研究范围，兼顾框式介词与其他结构成分共现的情况。诸如方所类框式介词结构与数量短语连用的结构类型（比如“在水面以上五米处”和“在黄河以南二公里”）需要在将来的研究中进行更为系统的研究。

第三，进一步挖掘韵律—句法接口理论的研究，将韵律因素纳入语言现象的句法分析过程，为汉语语法现象提供更为全面的理论解释。节奏、重音等韵律特征是汉语语法的重要组成部分，加强韵律—句法接口的研究，有助于更为深刻地揭示汉语的固有特征，从而为汉语语法现象提供更为合理的理论解释。

附录　本书常用术语英汉对照表

activation	激活
adposition	介词
affix attachment	词缀附着
alterposition	换位介词
ambiposition	双位介词
antisymmetry	反对称性
articulatory – perceptual system，AP	发音 – 感知系统
axial part，AxPart	轴向部分
$AxPart_{EX}$	外轴向部分
$AxPart_{IN}$	内轴向部分
$AxPart_{TI}$	凸显相对时间关系的轴向部分
$AxPart_{TOP}$	凸显话题语义的轴向部分
base generate	基础生成
binary branching	双分支
biposition	双边介词
cartography	制图理论
c – command	成分统制
circumfix	环缀
circumposition	框式介词

续表

complement	补语
complementizer	标句词
conceptual – intentional system, CI	概念 – 意向系统
converge	汇聚
crash	崩溃
cyclic movement	循环移位
Cyclic Override Principle	循环覆盖原则
dependency spellout	依存拼出
disharmonic order	非和谐型语序
Distributed Morphology, DM	分布式形态学
diacritic feature	附加特征
Elsewhere Principle	别处原则
EPP feature	EPP 特征
expletive	虚主语
extended projection, EP	扩展性投射
external merge	外部合并
feature sequence, fseq	特征序列
feature specification	特征参数
Final – over – Final Condition, FOFC	“后冠后” 条件
foot	音步
haplology	类音删略
harmonic order	和谐型语序
head	中心语
head – initial	中心语居前
head – final	中心语居后
Head Position Parameter	中心语位置参数
I – language	内在性语言

续表

incorporation	融合
interface	界面
internal merge	内部合并
left periphery	左缘结构
lexical array, LA	词汇序列
lexical item	词汇项目
lexical tree, L – tree	词汇树
lexicalization	词汇化
lexicon	词库
Logical Form, LF	逻辑式
macroparameter	宏参数
merge	合并
mesoparameter	央参数
metrical boundary	韵律边界
microparameter	微参数
Minimalist Program	最简方案
movement	移位
nanoparameter	纳米参数
nanosyntax	纳米句法
narrow syntax	狭式句法
Null Subject Parameter	空主语参数
numeration	读数
parameter hierarchy	参数层级
phase	语段
Phonetic Form, PF	语音式
PF economy	语音经济性
Phase Impenetrability Condition, PIC	语段不可渗透条件

续表

phrasal spell – out	短语拼出
postposition	后置词
pre – in – position	前 – 中位介词
preposition	前置词
pre – postposition	前 – 后位介词
Principle and Parameter, P & P	原则与参数框架
one feature – one head maxim, OFOH	特征——中心语一一对应假设
remnant movement	后续移位
slot	槽位
snowball movement	整体移位
specifier	标识语
spell – out	拼出
spell – out loop	拼读回路
split projection	分裂投射
stay and check	停留核查
subarray	次序列
Superset Principle	超集原则
syncretism	类并
syntactic configuration	句法构型
syntactic tree, S – tree	句法树
three – place verb	三价动词
trace	语迹
transfer	移交
Uniformity Principle	一致性原则
Universal Grammar, UG	普遍语法
VP – Internal Subject Hypothesis	动词词组内主语假设
Wh – Parameter	疑问词移位参数

参考文献

[1] 白晓静．介词“往”在句中的省略用法浅析［J］．潍坊学院学报，2010（1）：57－59.

[2] 贝罗贝，曹茜蕾著，曹嫄译．汉语方位词的历时和类型学考察［J］．语言学论丛，2014（2）：32－59.

[3] 曹志希，杨烈祥．汉语方所框式介词的句法分析［J］．时代文学，2007（3）：119－121.

[4] 陈昌来．介词与介引功能［M］．合肥：安徽教育出版社，2002.

[5] 陈昌来．现代汉语介词的内部差异及其影响［J］．上海师范大学学报（哲学社会科学版），2002（5）：97－105.

[6] 陈昌来．现代汉语“介词框架”的考察［C］//中国语言学报（十一）．北京：商务印书馆，2003.

[7] 陈昌来．汉语“介词框架”研究［M］．北京：商务印书馆，2014.

[8] 陈昌来，段佳佳．“在N的V下”中V的特点及其与“N的V”的关系——兼论介词框架对短语构成的影响［J］．对外汉语研究，2009（1）：185－196.

[9] 陈昌来，杨丹毅．介词框架“对/对于……来说/而言”的形成和语法化机制［J］．华东师范大学学报（哲学社会科学版），2009（1）：

83 – 89.

[10] 陈灵."除"类框式介词及对外汉语教学 [D]. 扬州: 扬州大学硕士学位论文, 2017.

[11] 陈芊芳. 存在句中处所介词"在"的隐现 [D]. 长沙: 湖南大学硕士学位论文, 2012.

[12] 陈卓. 介词"对于"来源新探 [J]. 理论界, 2010 (4): 133 – 135.

[13] 陈尊艳. 框式介词短语"在 X 下"及其偏误研究 [D]. 扬州: 扬州大学硕士学位论文, 2018.

[14] 程亚恒. 夸张型排除构式"除了 X (,) 还是"研究 [J]. 语言学论丛, 2017 (2): 261 – 282.

[15] 储泽祥. 现代汉语的命名性处所词 [J]. 中国语文, 1997 (5): 326 – 335.

[16] 储泽祥. 现代汉语方所系统研究 [M]. 武汉: 华中师范大学出版社, 2003.

[17] 储泽祥. 汉语"在 + 方位短语"里方位词的隐现机制 [J]. 中国语文, 2004 (2): 113 – 122.

[18] 储泽祥. 汉语处所词的词类地位及其类型学意义 [J]. 中国语文, 2006 (3): 216 – 224.

[19] 邓雅."为 X 起见"的句法语义分析 [J]. 鸡西大学学报, 2016 (5): 142 – 145.

[20] 杜佳烜, 吴长安. 基于构式的汉语框式介词二语习得研究 [J]. 关东学刊, 2017 (5): 70 – 77.

[21] 方经民. 现代汉语方位成分的分化和语法化 [J]. 世界汉语教学, 2004 (2): 5 – 15.

[22] 冯胜利. 汉语的韵律、词法与句法 [M]. 北京: 北京大学出版

社，1997.

［23］冯胜利．汉语韵律句法学［M］．上海：上海教育出版社，2000.

［24］冯胜利．汉语韵律语法研究［M］．北京：北京大学出版社，2005.

［25］冯胜利．汉语韵律句法学（增订本）［M］．北京：商务印书馆，2013.

［26］傅雨贤等．现代汉语介词研究［M］．广州：中山大学出版社，1992.

［27］高澜瑄．面向欧美学生汉语框式介词的教学研究［D］．沈阳：沈阳师范大学硕士学位论文，2014.

［28］高顺全．语序类型学视角下的汉语框式介词习得偏误研究——以“在……上”为例［J］．海外华文教育，2017（12）：1626－1635.

［29］高顺全．“从”类介词框架的习得考察及教学建议［J］．国际汉语教学研究，2019（2）：80－89.

［30］顾洁．介词“根据”“依据”“按照”“依照”探源［J］．楚雄师范学院学报，2016（10）：43－46.

［31］郭格．方所类框式介词“在……上”研究［D］．长沙：湖南大学硕士学位论文，2016.

［32］韩明珠．现代汉语目的范畴的认知研究［D］．上海：上海师范大学博士学位论文，2016.

［33］韩书庚．清末民初比况构式“（S）X一般”研究［J］．唐山师范学院学报，2020（2）：17－19＋25.

［34］黄理秋，施春宏．汉语中介语介词性框式结构的偏误分析［J］．华文教学与研究，2010（3）：33－41.

［35］姜婧茹．“除了X还是/就是X”构式研究及教学策略分析［D］．

上海：上海外国语大学硕士学位论文，2018.

[36] 金宇同. 框式介词“在X上”的篇章功能分析 [J]. 佳木斯职业学院学报，2016 (1)：343.

[37] 金宇同. 基于对外汉语教学的框式介词“在X上”研究 [D]. 辽宁：辽宁师范大学硕士学位论文，2016.

[38] 孔畅. 现代汉语依据类复合式双音介词的形成与比较 [D]. 锦州：渤海大学硕士学位论文，2019.

[39] 冷淑梅. 介词短语“在+X”的句法位置及介词“在”的隐现问题考察 [D]. 北京：北京语言大学硕士学位论文，2011.

[40] 李崇兴. 处所词发展历史的初步考察 [C] //胡竹安、杨耐思、蒋绍愚编《近代汉语研究》，24-63，北京：商务印书馆，1992.

[41] 李红梅，曹志希. 汉语方所框式介词的句法推导 [J]. 四川外语学院学报，2008 (3)：89-92.

[42] 李计伟. 论“介词+X+起见”格式 [J]. 南京师范大学文学院学报，2014 (2)：154-160.

[43] 黎锦熙，刘世儒. 中国语法教材 [M]. 北京：五十年代出版社，1955.

[44] 李琦. 简述比况短语 [J]. 语文建设，2014 (18)：79-80.

[45] 李亚非. 汉语方位词的词性及其理论意义 [J]. 中国语文，2009 (2)：99-109.

[46] 刘兵. 汉语介词的隐现与论元标识功能的转换 [J]. 云南师范大学学报，2005 (4)：27-32.

[47] 刘禀诚. 新闻标题的方所成分与介词隐现 [J]. 重庆三峡学院学报，2017 (5)：89-93.

[48] 刘丹青. 汉语中的框式介词 [J]. 当代语言学，2002 (4)：241-253.

[49] 刘丹青. 语序类型学与介词理论 [M]. 北京: 商务印书馆, 2003.

[50] 刘顺."对"和"对于"互换条件初探 [J]. 济宁师专学报, 1998 (2): 3-5.

[51] 刘顺, 刘志远. 论框式介词"对(于)……来说"的句法制约条件 [J]. 通化师范学院学报, 2011 (1): 6-10.

[52] 刘卫."除了X还是X"句式及其语用修辞功能 [J]. 毕节学院学报, 2013 (9): 15-18.

[53] 刘卫."除了X, Y"相关构式研究 [D]. 上海: 上海师范大学硕士学位论文, 2015.

[54] 刘艳萍."像X似的"结构浅析 [J]. 山东教育学院学报, 2003 (2): 52-54.

[55] 刘媛媛. 现代汉语介词隐现研究 [D]. 大连: 辽宁师范大学硕士学位论文, 2013.

[56] 刘志远. 框式介词"对(于)……来说"的话题焦点标记功能 [J]. 通化师范学院学报, 2012 (3): 9-11.

[57] 路晓艳. 现代汉语方位介词框架"在X上"和"在X下"与英语对应表达的对译研究 [D]. 南京: 南京师范大学硕士学位论文, 2015.

[58] 吕叔湘. 中国文法要略 [M]. 上海: 商务印书馆, 1947.

[59] 吕志敏. 现代汉语比况短语研究 [D]. 南京: 南京师范大学硕士学位论文, 2008.

[60] 马贝加. 介词"就"的产生及其意义 [J]. 语文研究, 1997 (4): 32-35.

[61] 马贝加. 近代汉语介词 [M]. 北京: 中华书局, 2003.

[62] 马建忠. 马氏文通 [M]. 北京: 商务印书馆, 1898/1983.

[63] 麦子茵. 介词"在"的隐现研究 [D]. 北京: 北京大学硕士学

位论文，2007.

[64] 孟晓东．“拿/就/以”为前置词的话题介词框架研究［D］．上海：上海师范大学硕士学位论文，2014.

[65] 祁艳红，彭爽．比喻性比况短语的认知研究［J］．北华大学学报（社会科学版），2013（4）：20－22.

[66] 史冬青．先秦至魏晋时期方所介词的历时考察［D］．济南：山东大学博士学位论文，2008.

[67] 史冬青．先秦至魏晋时期方所介词研究［M］．济南：齐鲁书社，2009.

[68] 石微．汉语依据类介词的语法化研究［D］．长春：吉林大学博士学位论文，2013.

[69] 孙佳．介词框架“就/论X而言/来说”的多角度比较［J］．贵州工程应用技术学院学报，2017（5）：17－27.

[70] 孙文统．《“后冠后”条件——一条普遍性的句法制约原则》评介［J］．外文研究，2019（1）：98－101.

[71] 孙文统．纳米句法：生成语法研究的新范式［N］．中国社会科学报，2020a－3－3（003）．

[72] 孙文统．接触理论：生成语法研究的新进展［N］．中国社会科学报，2020b－9－8（003）．

[73] 孙文统．《参数层级与普遍语法》评介［J］．外国语言文学，2020（5）：555－560.

[74] 陶锦．对母语为英语的留学生的汉语框式介词教学研究［D］．烟台：烟台大学硕士学位论文，2019.

[75] 田双双．英语为母语的留学生介词框架“对/就……来说”习得与教学研究［D］．沈阳：辽宁大学硕士学位论文，2016.

[76] 王凤兰．“为X起见”格式的语义句法分析［J］．暨南大学华

文学院学报，2007（3）：60－65＋78.

[77] 王凤兰．现代汉语目的范畴研究［D］．广州：暨南大学博士学位论文，2008.

[78] 王磊．现代汉语框式介词的隐现规律考察［J］．宁夏社会科学，2014（1）：169－172.

[79] 王磊，辛明．现代汉语框式介词的句法辖域探究［J］．辽宁师范大学学报（社会科学版），2014（6）：874－878.

[80] 王林燕．“从”字介词框架偏误研究［D］．南京：南京师范大学硕士学位论文，2018.

[81] 王萌．“里”类介词框架的句法、语义及隐现规律研究［D］．上海：上海师范大学硕士学位论文，2006.

[82] 王蕊．“对于、关于、至于”的话题标记功能和篇章衔接功能［J］．暨南大学华文学院学报，2004（3）：58－63＋71.

[83] 王世群．现代汉语框式介词研究［D］．南京：南京师范大学博士学位论文，2013.

[84] 王世群．现代汉语框式介词研究［M］．南京：南京大学出版社，2016.

[85] 王智杰．比况短语的分类［J］．学术交流，2006（4）：142－145.

[86] 吴蓓．介词框架“对/就/拿……来说”与英语相应表达的对比分析及习得研究［D］．南京：南京师范大学硕士学位论文，2013.

[87] 吴奔．介词框架“起始介词＋X＋方位词”研究［D］．上海：上海师范大学博士学位论文，2020.

[88] 吴刚．生成语法研究［M］．上海：上海外语教育出版社，2006.

[89] 吴继峰，洪炜．英语母语者习得抽象义“在X下”的实证研究［J］．汉语学习，2015（4）：85－94.

[90] 吴仲华．比况短语中的“跟X一样/似的”格式［J］．湖北成

人教育学院学报，2005（5）：49－50.

[91] 向格．英语嵌套式处所构式和汉语多重处所框式介词的对比研究［D］．武汉：中南民族大学硕士学位论文，2019.

[92] 肖奚强．略论“除了……以外”与“都”“还”的搭配规则［J］．南京师大学报（社会科学版），1996（2）：124－127.

[93] 肖奚强．“除了”句式句法语义分析［J］．汉语学习，2004（2）：19－25.

[94] 辛勤英．现代汉语介词“根据”与“按照”“凭”与“靠”的对比研究［D］．上海：上海师范大学硕士学位论文，2014.

[95] 许国萍．“对……而言/来说”与“就……而言/来说”之比较［J］．修辞学习，2004（4）：24－27.

[96] 徐枢．“对”字句的几种主要格式［J］．汉语学习，1984（3）：1－7.

[97] 许舒宁．现代汉语时空介词研究［D］．长春：吉林大学博士学位论文，2015.

[98] 杨丹毅．“对于”类介词框架及相关研究［D］．上海：上海师范大学硕士学位论文，2007.

[99] 杨敬慈．面向汉语作为第二语言教学的“在……X”格式研究［D］．沈阳：沈阳师范大学硕士学位论文，2013.

[100] 杨朝军．汉语框式介词“在＋NP＋L”中方位词的隐现研究［J］．外文研究，2019（3）：1－10.

[101] 杨黎黎．构式搭配分析法的三种量化手段：“原因——目的”类构式的聚类分析［J］．西安外国语大学学报，2020（1）：43－47.

[102] 殷志平．“除了……以外”的语义辨析——与郑懿德、陈亚川两位先生商榷［J］．汉语学习，1999（2）：3－5.

[103] 于惠．现代汉语中“像……一样”及相关句式研究［D］．上

海：复旦大学硕士学位论文，2009.

[104] 岳中奇．表述排除范围的介词框架及其语义功能［J］．广东技术师范学院学报，2016（12）：1－6＋34.

[105] 张成进．介词“除了”的词汇化及其动因［J］．四川师范大学学报（社会科学版），2015（3）：100－105.

[106] 张成进．介词“依据”的词汇化与语法化［J］．安徽理工大学学报（社会科学版），2016（6）：81－86.

[107] 张静．试析“像……似的”［J］．山东理工大学学报（社会科学版），2005（2）：83－87.

[108] 张敏．言说类介词框架习得研究［D］．南京：南京师范大学硕士学位论文，2016.

[109] 张谊生．介词叠加的方式与类别、作用与后果［J］．语文研究，2013（1）：12－21.

[110] 张友学．句首介词“在”的隐现及其对外汉教学的启示［D］．上海：上海外国语大学硕士学位论文，2010.

[111] 张云峰．近代汉语比框类框式介词及其概念叠加［J］．聊城大学学报（社会科学版），2013（4）：37－43.

[112] 张云峰．近代汉语框式介词研究［M］．安徽：黄山书社，2014.

[113] 张云峰．近代汉语连带类框式介词研究［J］．佳木斯大学学报，2015（1）：114－117.

[114] 张杰．“在……上/下/里/中”的隐现和教学策略研究［D］．吉林：吉林大学硕士学位论文，2019.

[115] 赵佳琦．英语空间介词 IN 和汉语框式介词“在……里”的认知研究［D］．哈尔滨：哈尔滨师范大学硕士学位论文，2017.

[116] 郑懿德，陈亚川．“除了……以外”用法研究［J］．中国语

文，1994（1）：65－69.

［117］周芍，邵敬敏．试探介词“对”的语法化过程［J］．语文研究，2006（1）：24－30.

［118］朱德熙．语法讲义［M］．北京：商务印书馆，1982.

［119］朱赛萍．韵律制约下的PP前后分置及介词隐现问题——以双音节动宾式［VO］＋PP结构为例［J］．汉语学习，2014（5）：59－66.

［120］邹霞．句首“在＋处所词”中“在”字隐现规律及其教学［D］．南昌：南昌大学硕士学位论文，2014.

［121］Abels，K. and Peter K. Muriungi. The Focus Particle in Kìitharaka：Syntax and Semantics［J］. Lingua，2008（118）：687－731.

［122］Abney，S. P. The English Noun Phrase in Its Sentential Aspect［D］. Doctoral dissertation，MIT，1987.

［123］Aboh，E. O. The Morphosyntax of Complement－Head Sequences［M］. New York：Oxford University Press，2004.

［124］Bailey，T. G. Grammatical Nomenclature：Unnecessary Names［J］. Bulletin of the School of Oriental and African Studies，1929（5/3）：515－518.

［125］Baunaz，L. and Lander，E. Nanosyntax：The Basics［C］//In Lena Baunaz，Karen De Clercq，Liliane Haegeman，and Eric Lander（eds.），Exploring Nanosyntax，3－56，Oxford：Oxford University Press，2018.

［126］Beghelli，F. and Stowell，T. Distributivity and Negation：the Syntax of *each* and *every*［C］//In Anna Szabolcsi（ed.），Ways of Scope Taking，71－107，Dordrecht，The Netherlands：Kluwer，1997.

［127］Belletti，A.（ed.）. Structures and Beyond：The Cartography of Syntactic Structures. Vol 3［M］. New York：Oxford University Press，2004.

［128］Benicà，P. L'ordine Degli Elementi Della Frase e le Costruzioni Marcate［C］//In Lorenzo Renzi（ed.），129－194，Bologna：Il

Mulino, 1988.

[129] Berwick, R. & Chomsky, N. Why Only Us: Language and Evolution [M]. Cambridge, MA: MIT Press, 2016.

[130] Beyraube, A. Les Constructions Locatives en Chiinois Moderne [M]. Paris: Edition Languages Croises, 1980.

[131] Bibetauer, T., and Folli, R. Constructing Directional Motion in Afrikaans [P]. Paper presented at the LABG Annual Meeting at Roehampton, 2004.

[132] Bibetauer, T. Doubling and Omission: Insights from Afrikaans [J/OL]. In Papers from the Workshop on Doubling in the Dialects of Europe. Amsterdam: Meertens on – line publications. Http: //www. meertens. knaw. nl/projecten/edisyn/, 2007.

[133] Boeckx, C. EPP Elliminated [EB/L]. M. s. University of Connecticut, Storrs. http: //www. sinc. sunysb. edu/Clubs/nels/jbailyn/eppeliminated. pdf., 2000.

[134] Bošković, Z. Movement and the EPP [J]. Syntax, 2002 (5): 167 – 218.

[135] Caha, P. The Nanosyntax of Case [D]. Doctoral dissertation, University of Tromsø, 2009.

[136] Caha, P. The Parameters of Case Marking and Spell Out Driven Movement [C] //In Jeroen van Craenenbroeck (ed.), Linguistic Variation Yearbook 20, 33 – 77, Amsterdam/Philadelphia: John Benjamins, 2010.

[137] Caha, P. and Pantcheva, M. Locatives in Shona and Luganda [C] //In Jacopo Garzonio and Silvia Rossi (eds.), Variation in P: Comparative Approaches to Adpositional Phrases, Oxford: Oxford University Press, 2020.

[138] Cardinaletti, A. Subjects and Clause Structure [C] //In Liliane

Haegeman (ed.), The New Comparative Syntax, 33 - 63, London: Addison, Wesley, Longman, 1997.

[139] Cardinaletti, A. Towards a Cartography of Subject Position [C] //In Luigi Rizzi (ed.), The Structure of CP and IP: The Cartography of Syntactic Structures, Vol 2, 115 - 165, New York: Oxford University Press, 2004.

[140] Cartier, A. Les Indicateurs de lieu en Chinois [J]. La Linguistique, 1972 (2): 8.

[141] Chomsky, N. Syntactic Structures [M]. The Hague: Mouton, 1957.

[142] Chomsky, N. Aspects of the Theory of Syntax [M]. Cambridge, MA: MIT Press, 1965.

[143] Chomsky, N. Rules and Representations [M]. New York: Columbia University Press, 1980.

[144] Chomsky, N. Lectures on Government and Binding [M]. Dordrecht, The Netherlands: Foris, 1981.

[145] Chomsky, N. Barriers [M]. Cambridge, MA: MIT Press, 1986.

[146] Chomsky, N. The Minimalist Program [M]. Cambridge, MA: MIT Press, 1995.

[147] Chomsky, N. Minimalist Inquiries: the Framework [Z]. Ms., MIT, 1998.

[148] Chomsky, N. Derivation by Phase [Z]. Ms., MIT, 1999.

[149] Chomsky, N. Minimalist Inquiries: the Framework [C] //In R. Martin, D. Michaels and J. Uriagereka, (eds.), Step by Step - Essays in Minimalist Syntax in Honor of Howard Lasnik, Cambridge: MIT Press, 2000.

[150] Chomsky, N. Derivation by Phase [C] //In Michael Kenstowicz (ed.), Ken Hala: A Life in Language, 1 - 50, Cambridge, MA: MIT

Press, 2001.

[151] Cinque, G. Types of A' dependencies [M]. Cambridge, MA: MIT Press, 1990.

[152] Cinque, G. Adverbs and Inflectional Heads [M]. Oxford: Oxford University Press, 1999.

[153] Cinque, G. (ed.). Functional Structure in DP and IP: The Cartography of Syntactic Structures, Vol. 1 [M]. New York: Oxford University Press, 2002.

[154] Cinque, G. Deriving Greenberg's Universal 20 and Its Exceptions [J]. Linguistic Inquiry, 2005, 36, (3): 315-332.

[155] Cinque, G. Restructuring and Functional Heads: The Cartography of Syntactic Structures, Vol. 4 [M]. New York: Oxford University Press, 2006.

[156] Cinque, G. and Rizzi, R. The Cartography of Syntactic Structures [C] //In Vincenzo Moscati (ed.), CISCL Working Papers on Language and Cognition, 43-59, University of Sienna, distributed by MIT Working Papers in Linguistics, 2008.

[157] Cinque, G. The Syntax of Adjectives [M]. Cambridge, MA: MIT Press, 2010.

[158] De Vos, M. Afrikaans Mixed Adposition Orders as a PF-linearization Effect: Disharmony is a Superficial Side Effect of Deeper Harmony [J/OL]. https: //pdfs.semanticscholar.org/41ed/863d068966581a9862b6e36bfb34645d5b99.pdf, 2009.

[159] De Vos, M. Afrikaans Mixed Adposition Orders as a PF-linearization Effect [C] //In Theresa Biberauer and Michelle Sheehan (eds.) Theoretical Approaches to Disharmonic Word Order, 333-357. Oxford: Oxford Univer-

sity Press, 2013.

[160] Dékány, É. The Nanosyntax of Hungarian Postpositions [J/OL]. Nordlyd, 2009 (36): 41–76. Http: //septentrio. uit. no/index. php/nordlyd/index.

[161] Den Dikken, M. On the Functional Structure of Locative and Directional PPs [EB/OL]. Http: //web. gc. cuny. edu/dept/lingu/dendikken/papers. html, 2008.

[162] Den Dikken, M. On the Functional Structure of Locative and Directional PPs [C] //In Guglielmo Cinque and Luigi Rizzi (eds.), Mapping Spatial PPs: The Cartography of Syntactic Structures, Vol. 6, 74–126, New York: Oxford University Press, 2010.

[163] Dryer Matthew S. Order of Object and Verb [C] //In Matthew S. Dryer & Martin Haspelmath (eds.), The World Atlas of Language Structures Online. Leipzig: Max Planck Institute for Evolutionary Anthropology, 2013a. [Available online athttp: //wals. info/chapter/83, accessed 16 August 2018.]

[164] Dryer Matthew S. Order of Adposition and Noun Phrase [C] //In Matthew S. Dryer & Martin Haspelmath (eds.), The World Atlas of Language Structures Online. Leipzig: Max Planck Institute for Evolutionary Anthropology, 2013b. [Available online athttp: //wals. info/chapter/83, accessed 16 August 2018.]

[165] Epstein, S., and Seely, D. Derivations in Minimalism [M]. Cambridge: Cambridge University Press, 2006.

[166] Ernest, Thomas. Chinese Postposotions [J]. Journal of Chinese Linguistics, 1988 (16): 219–245.

[167] Feng Shengli. Prosodic Syntax in Chinese [M]. London; New York: Routledge, 2019.

[168] Giusti, G. The Categorial Status of Determiners [C] //In Liliane Haegeman (ed.), The New Comparative Syntax, 95 – 123, New York: Longman, 1997.

[169] Glück, H. (ed). Metzler Lexikon Sprache [M]. 2nd Edition, Stuttgart: J. B. Metzler, 2000.

[170] Greenberg, J. H. Some Universals of Grammar with Particular Reference to the Order of Meaningful Elements [C] //In Joseph Greenberg (ed.), Universals of Language. 73 – 113, Cambridge, MA: MIT Press, 1963.

[171] Greenberg, J. H. Circumfix and Typological Change [C] // In Elizabeth C. and Traugott et al (eds.) Papers from the International Conference on Historical Linguistics. Amsterdam: John Benjamins, 1980.

[172] Greenberg, J. H. The Diachronic Typological Approach to Language [C] //In Shibatani, Masayoshi & Theodora Bynon (eds.) Approaches to Language Typology. Oxford: Clarendon Press, 1995.

[173] Grimshaw, J. Argument Structure [M]. Cambridge, MA: MIT Press, 1992.

[174] Groat, E. English Expletives: A Minimalist Approach [J]. Linguistic Inquiry, 1995 (26): 354 – 365.

[175] Groat, E. Raising the Case of Expletives [C] //In S. Epstein, and N. Hornstein (eds.), Working Minimalism, 27 – 43, Cambridge, MA: MIT Press, 1999.

[176] Grünthal, R. Finnic Adpositions and Cases in Change [M]. Helsinki: The Fino – Ugrian Society, 2003.

[177] Haeberli, E. Towards Deriving the EPP and Abstract Case [J]. Generative Grammar in Geneva, 2000 (1): 105 – 139.

[178] Haegeman, L. The Syntax of Negation [M]. Cambridge, Cam-

bridge University Press, 1995.

[179] Haegeman, L. and Zanuttini, R. Negative Heads and the Neg Criterion [J] . The Linguistic Review, 1991 (8): 233 -251.

[180] Hagège, C. Le Problém Linguistique des Prepositions et la Solution Chinoise [M] . Louvain: Peeters, 1975.

[181] Hagège, C. Adpositions [M] . Oxford: Oxford University Press, 2010.

[182] Helmantel, M. Interactions in the Dutch Adpositional Domain [D] . Doctoral Dissertation, Leiden University, 2002.

[183] Herrity, P. Slovene: A Comprehensive Grammar [M] . London: Routledge, 2000.

[184] Huang, C. - T. James. LexicalDecomposition, Silent Categories and the Localizer phrase [J] . 语言学论丛, 2009 (39): 86 -122.

[185] Jackendoff, Ray. Semantics and Cognition [M] . Cambridge, MA: MIT Press, 1983.

[186] Jia Bu Ji Nuo. 汉语中的后置词（一） [J] . 中国语文, 1957 (6): 25 -32.

[187] Jia Bu Ji Nuo. 汉语中的后置词（二） [J] . 中国语文, 1958 (6): 35 -39.

[188] Kayne, Richard S. The Antisymmetry of Syntax [M] . Cambridge, MA: MIT Press, 1994.

[189] Kayne, Richard S. Movement and Silence [M] . Oxford: Oxford University Press, 2005.

[190] Koopman, H. Prepositions, Postpositions, Circumpositions and Particles [C] //In H. Koopman (ed.), The Synax of Specifiers and Heads, 204 -260, London: Routledge, 2000.

[191] Kracht, Marcus. On the Semantics of Locatives [J]. Linguistics and Philosophy, 2002 (25): 157 -232.

[192] Laenzlinger, C. Comparative Studies in Word Order Variations: Pronouns, Adverbs and German Clause Structure [M]. Amsterdam: John Benjamins, 1998.

[193] Laenzlinger, C. French Adjective Ordering: Perspectives on DP - internal Movement Types [J]. Lingua, 2005 (115): 645 -689.

[194] Leu, T. The Architecture of Determiners [M]. Oxford and New York: Oxford University Press, 2015.

[195] Levison, Stephen C. Vison, Shape, and Linguistic Description: Tzeltal Body - part Terminology and Object Description [J]. Linguistics, 1994 (32): 791 -855.

[196] Libert, A. Ambipositions [M]. Munich: Lincom Europa, 2006.

[197] Liu, Feng - his. AClitic Analysis of Locative Particles [J]. Journal of Chinese Linguistics, 1998 (16): 48 -70.

[198] Marantz, A. The Minimalist Program [C] //In Gert Webelhuth (ed.), Government and Binding Theory and the Minimalist Program, 351 - 382, Cambridge, MA: Blackwell, 1995.

[199] Martin, R. Case, the Extended Projection Principle and Minimalism [C] //In S. Epstein, and N. Hornstein (eds.), Working Minimalism, 1 -25, Cambridge, MA: MIT Press, 1999.

[200] Sheehan, M., Biberauer T., Roberts I. and Holmberg A. The Final - Over - Final Condition: A Syntactic Universal [M]. Cambridge, MA: The MIT Press, 2017.

[201] Noonan, M. The Category P: The Kwa Paradox [J]. Linguistic Analysis, 2005 (32): 615 -646.

[202] Noonan, M. À to Zu [C] // In Guglielmo Cinque and Luigi Rizzi (eds.), Mapping Spatial PPs: The Cartography of Syntactic Structures, Vol. 6, 161 - 195, Oxford: Oxford University Press, 2010.

[203] Oosthuizen, J. Prepositions Left and Right in Afrikaans [Z]. Stellenbosch Papers in Linguistics, 33, 2000.

[204] Pantcheva, M. Decomposing Path: The Nanosyntax of Directional Expressions [D]. Doctoral Dissertation, University of Tromsø, 2011.

[205] Perlmutter, D. M. Impersonal Passives and the Unaccusative Hypothesis [P]. Proceedings of the Berkeley Linguistics Society, 1978 (4): 157 - 189.

[206] Pollock, J. Verb Movement, Universal Grammar, and the Structure of IP [J]. Linguistic Inquiry, 1989, 20 (3): 365 - 424.

[207] Puskás, G. Word Order in Hungarian: The Syntax of A' - positions [M]. Amsterdam: John Benjamins, 2000.

[208] Rygaloff, Alexis. Grammire élémentaire du chinios [M]. Paris: PUF, 1973.

[209] Radford, A. Minimalist Syntax Revisited [EB/OL]. http: //courses. essex. ac. uk/lg/lg514, 2006.

[210] Ramchand, G. Verb Meaning and the Lexicon: A First Phase Syntax [M]. Cambridge: Cambridge University Press, 2008.

[211] Reindl, D. F. Areal Effects of the Preservation and Genesis of Slavic Postpositions [C] //InŠaric and D. F. Reindl (eds.), On Prepositions, 56 - 71, Oldenburg: Biblioteks - und Informationssystem der Universitat Oldenburg, 2001.

[212] Richards, N. Uttering Tress [M]. Cambridge, MA: MIT Press, 2010.

[213] Richards, N. Contiguity Theory [M]. Cambridge, MA: MIT

Press, 2016.

[214] Rizzi, L. The Structural Uniformity of Syntactic Categories [C] // In Proceedings of the Conference on the Basque Language. Vitoria – Gasteiz: Euskal Jaurlaritzaren Argitalpen Zerbitzu Nagusia/Servicio Central de Publicaciones del Gobierno Vasco, 1988.

[215] Rizzi, L. The Fine Structure of the Left Periphery [C] //In Liliane Haegeman (ed.), Elements of Grammar, 281 – 337. Dordrecht, The Netherlands: Kluwer, 1997.

[216] Rizzi, L. On the Position "Int (errogative)" in the Left Periphery of the Clause [C] //In G. Cinque and G. Salvi (eds.), Current Issues in Italian Syntax, 287 – 296, Amsterdam: Elsevier, 2001.

[217] Rizzi, L. Locality and Left Periphery [C] //In Adriana Belletti, Structures and Beyond: The Cartography of Syntactic Structures, Vol. 3, 223 – 251, New York: Oxford University Press, 2004a.

[218] Rizzi, L. (ed.). The Structure of CP and IP: The Cartography of Syntactic Structures, Vol. 2 [M]. New York: Oxford University Press, 2004b.

[219] Rizzi, L. Syntactic Cartography and the Syntacticisation of Scope – Discourse Semantics [C] //In Anne Reboul (ed.), Mind, Values and Metaphysics – Philosophical Papers Dedicated to Kevin Mulligan, 517 – 533, Dordrecht, The Netherlands: Springer, 2013.

[220] Robert, I. Parameter Hierarchy and Universal Grammar [M]. Oxford: Oxford University Press, 2019.

[221] Rocquet, A. Splitting Objects: A Nanosyntactic Account of Direct Object Marking [D]. Doctoral Dissertation, Ghent University, 2013.

[222] Rooryck, J. On the Interaction between Raising and Focus in Sen-

tential Complementation [J] . Studia Linguistica, 1997 (51): 1 -49.

[223] Shlonsky, U. The Cartographic Enterprise in Syntax [J] . Language and Linguistics Compass, 2010, 4 (6): 417 -429.

[224] Sabel, J. Expletive as Features [C] //In R. Billerey, and B. Lillehaugen (eds.), "WCCFL19 Proceedings', 411 -424, Somerville, MA: Cascadilla Press, 2000.

[225] Scott, G. Stacked Adjectival Modification and the Structure of Nominal Phrases [C] //In Guglielmo, Cinque (ed.), Functional Structure in DP and IP: The Cartography of Syntactic Structures, Vol. 1, 91 -120, New York: Oxford University Press, 2002.

[226] Starke, M. Nanosyntax: A Short Primer to a New Approach to Language [J/OL] . Nordlyd, 2009, 36 (1): 1 -6. Http: //septentrio. uit. no/index. php/nordlyd/index.

[227] Starke, M. Auxiliaries and Structural Gaps: Current Issues in Nanosyntax [P] . Lectures Series Presented at CRISSP, Hogeschool - Universiteit Brussel, 2013.

[228] Svenonius, Peter. The Emergence of Axial Parts. In Tromsø Working Papers in Language and Linguistics [J/OL] . Nordlyd, 2006, 33 (1): 49 -77. Http: //septentro. uit. no/index. php/nordlyd/index.

[229] Svenonius, P. The Position of Adjectives and other Phrasal Modifiers in the Decomposition of DP [C] //In Louise McNally and Christopher Kennedy (eds.), Adjectives and Adverbs: Syntax, Semantics and Discourse, 16 42, New York: Oxford University Press, 2008.

[230] Svenonius, Peter. Spatial Prepositions in English [C] //In Guglielmo Cinque and Luigi Rizzi (eds.), Mapping Spatial PPs, The Cartography of Syntactic Structures, Vol. 6, 127 - 160, Oxford: Oxford University

Press, 2010.

[231] Svenonius, Peter. Structural Decomposition of Spatial Adpositions [P]. Paper Presented at a Conference in Bochum, 2012.

[232] Szabolcsi, A. The Possessive Construction in Hungarian: A Configurational Category in a Non – configurational Language [J]. Acta Linguistica Academiae Scentiarum Hungaricae, 1981, 31 (1 –4): 261 –289.

[233] Szabolcsi, A. The Possessor That Ran Away from Home [J]. The Linguistic Review, 1984, 3 (1): 89 – 102.

[234] Szabolcsi, A. Functional Categories in the Noun Phrase [C] //In István Kenesei (ed.), Approaches to Hungarian 2: Theories and Analyses, 167 – 189, Szeged Hungary: JATE, 1987.

[235] Szabolcsi, A. (ed.). Ways of Scope Taking [M]. Dordrecht: The Netherlands: Kluwer, 1997.

[236] Tai, James. Chinese as a SOV Language [P]. Papers from the 9th Chicago Linguistic Society, 1973 (9): 659 –671.

[237] Talmy, Leonard. Toward a Cognitive Semantics, Vol. 1, Concept Structuring Systems [M]. Cambridge, MA: MIT Press, 2000.

[238] Taraldsen Knut T. Spanning versus Constituent Lexicalization: The Case of Portmanteau Prefixes [C] //In Lena Baunaz, Karen De Clercq, Liliane Haegeman, and Eric Lander (eds.), Exploring Nanosyntax, 88 – 107, Oxford: Oxford University Press, 2018.

[239] Van Riemsdijk, H. Functional Prepositions [C] //In H. Pinkster, and I. Genee (eds.), Unity in Diversity: Papers Presented to Simon C. Dik on his 50th Birthday, 229 –242, Dordrecht: Foris, 1990.

[240] Van Riemsdijk, H. and Huybregts, R. Location and Locality [C] //In Marc van Oostendorp and Elena Anagnostopoulou (eds.). Progress

in Grammar: Articles at the 20th Anniversary of the of Grammatical Modes Group in Tilburg, 1 – 23, Meertens Instituut, Amsterdam, 2002.

[241] Watters, David E. A Grammar of Kham [M]. Cambridge: Cambridge University Press, 2002.

[242] Zanuttini, R. Syntactic Properties of Sentence Negation: A Comparative Study of Romance Languages [D]. Doctoral Dissertation, University of Pennsylvania, 1991.

后　记

框式介词结构是汉语中一种较为特殊的介词形式，在体现出浓厚的语言类型学特征的同时，亦折射出汉语语言自身显赫的句法特点。目前学界对于汉语框式介词的内涵及范围尚未达成统一的意见，不同术语之间存在诸多交叉之处，对相关现象的研究主要集中于框式介词的语义分类及句法特点的表层刻画与描写，较少使用形式化的手段去揭示该类介词结构的内部构造与生成机制。有鉴于此，本书尝试在主流形式学派——生成语法的理论框架下对该类介词结构进行全面的分析与研究，期待能够从不同的理论视角为汉语框式介词结构提供全新的分析与解释。在分析的过程中，本书用形式化的手段清晰地描绘了汉语框式介词结构的内部表征及生成机制，并对汉语框式介词结构中的后项成分进行了理论定位，揭示了其句法本质及语法功能。在此基础上，本书还研究了汉语框式介词结构中前后项的隐现规律及机制，框式介词结构在句中的句法分布、游移形式、推导过程及内部动因。事实证明，生成语法理论能够为汉语框式介词结构的研究提供全新的研究手段和技术支撑，因此能够为汉语语言现象的解释提供更为坚实的理论基础。

本书在写作及出版过程中得到了来自各方面的帮助与支持。恩师庄会彬教授对本书的写作给予了极大的关怀与帮助。他不仅将最新的学术资料慷慨相赠，还时常通过电话询问本书的写作进展，并在百忙之中抽出宝贵的时间为本书作序。因此，本书的顺利出版与恩师的关怀与鼓励密不可分。

郑州商学院为本书的写作提供了优良的科研环境及丰厚的经费支持，为本书的写作及顺利出版提供了坚实的基础。此外，本书的写作得到了2020年度教育部人文社会科学研究青年基金项目“汉语框式介词的生成语法研究”（项目编号：20YJC740055）的资助，在此一并致谢。

最后，由于作者自身的知识水平有限，理论基础薄弱，本书在论证过程中难免会出现一些疏漏与谬误，恳请广大专家与学者批评指正。

孙文统

2020年12月20日